Reinhard Hellmann

Der Schmetterling

AF220190

Reinhard Hellmann

Der Schmetterling

Eine Entwicklungsbiografie

*Wie es einer »seelischen Raupe« gelang,
aus dem familiären Raupenmantel
in die Freiheit zu gelangen.*

Reinhard Hellmann
Der Schmetterling
Eine Entwicklungsbiografie

© 2022 Reinhard Hellmann
Alle Rechte vorbehalten

Lektorat: werspricht – Text & Profil
Typografie und Satz: Peter Löffelholz
Herstellung und Verlag: BoD – Books on Demand, Norderstedt

Bibliografische Information der Deutschen Nationalbibliothek:
Die Deutsche Nationalbibliothek verzeichnet diese Publikation
in der Deutschen Nationalbibliografie; detaillierte bibliografische
Daten sind im Internet über dnb.dnb.de abrufbar.

ISBN 978-3-75681511-1

Auch als E-Book erhältlich

Der Schmetterling will seine Hülle durchbrechen.
Er zerrt an ihr, er zerreißt sie.
Da blendet und verwirrt ihn das unbekannte Licht,
das Reich der Freiheit.

FRIEDRICH NIETZSCHE:
MENSCHLICHES, ALLZUMENSCHLICHES

Die Vorfahren

GROSSELTERN MÜTTERLICHERSEITS: Franz Freiherr von Dalwigk zu Lichtenfels mit Maria Huberta Blanka Gräfin Beissel. In zweiter Ehe: Vera Gräfin Grote (ab 1924).

Elisabeth, meine Mutter, wurde als fünftes Kind und einziges Mädchen in Torgau/Sachsen geboren. Ihre Mutter verstarb, als das Kind ein Jahr alt war, an Tuberkulose. Dies war wohl der erste und schwerste Verlust im Leben von Elisabeth, meiner Mutter. Sie wuchs mit den vier recht wilden Brüdern und diversen Betreuerinnen auf, die der Witwer organisieren konnte. Als Elisabeth drei Jahre alt war, kam die Stiefmutter »Grötelchen« (geb. Gräfin Grote) ins Haus. Sie nahm sich die fünf Kinder mit Strenge und militärischer Konsequenz vor, wie sie es als Rotkreuzschwester beim Militär gelernt hatte. Elisabeth war von den fünf Kindern die intelligenteste, doch musste sie unter der sehr strengen Stiefmutter am meisten leiden. Diese Stiefmutter verzieh Männern viel, aber sich selbst und Frauen gar nichts. Ihrem geliebten Gatten Franz schenkte sie noch einen Sohn, Thomas, und eine zweite Tochter, Vera. Somit waren inzwischen sieben Kinder zu betreuen. Die strenge Rotkreuzschwester schuf

Ordnung und Disziplin in der Familie. Für Einfühlung und Sensibilität für die Bedürfnisse der Kinder hatte sie kein Empfinden. Als Elisabeth später ihren geliebten Fritz heiraten wollte, hatte die grausame Stiefmutter große Bedenken, weil er nicht adelig war.

Großeltern väterlicherseits: Paul Hellmann, Baurat der Stadt Frankfurt/Main, mit Katharina geb. Rettig. Fritz Hellmann, mein Vater, wurde als erstes Kind – seine Schwester kam zwei Jahre später – ebendort geboren. Vater Paul Hellmann war ein gutmütiger, schwacher Papa, der allerdings, wenn seine launische, jähzornige Frau ihn darum bat, die Kinder mit der Reitpeitsche verprügelte. Fritz machte nach einem Einser-Abitur schnell erfolgreiche Studienschritte auf dem Gebiet der Altphilologie, also dem Studium der alten Sprachen Griechisch und Latein. Rasch promovierte er zum Dr. phil. Die Habilitation zum Dr. phil. habil schloss sich an. Als er dann später seine geliebte Elisabeth heiraten wollte, hatte seine Mutter große Bedenken wegen der adligen Schnösel aus Berlin.

Eltern: Vater: Dr. phil. habil. Fritz Hellmann, Dozent für alte Sprachen an der Humboldt-Universität in Berlin. Mutter: cand. med. Elisabeth Huberta Blanka Freiin von Dalwigk, Studentin der Medizin an den Universitäten Berlin und Freiburg/Breisgau.

Die Romanze

AN EINEM NEBLIG-TRÜBEN Sonntagmorgen im Jahr
1939 stand um 9.30 Uhr der Eilzug von Berlin nach Freiburg, mit Umstieg in Stuttgart, in Berlin zur Abfahrt bereit. In diesem Zug, im Wagen Nummer 32, saß im Abteil
zweiter Klasse die Studentin Elisabeth von Dalwigk.
Ihr Vater, der General der Kavallerie Franz Freiherr von
Dalwigk hatte seine hübsche, einzige Tochter fürsorglich
bis zu ihrem Sitzplatz im Abteil begleitet und sich dann,
die Tochter in Sicherheit wähnend, von ihr mit vielen
guten Wünschen verabschiedet. Den aufkommenden
Abschiedsschmerz verbarg der disziplinierte Militär-
mann von altem Adel hinter freundlicher Geste. Elisabeth saß nun in dem gut gewärmten Abteil. Sie schloss
die Augen und genoss einen kurzen Tagtraum: Sie sah
sich im Hörsaal mit vielen Studenten sitzen. Am Red-
nerpult sprach ihr Dozent Fritz Hellmann in geschlif-
fener Philologensprache. Was er sagte, war in dem von
Verliebtheit getränkten Traum völlig unwichtig. Sie genoss es, dass alle seine Worte nur an sie gerichtet waren,
und war so glücklich, der einzige Mensch für ihn zu sein.
Damit war der Traum zu Ende.

Was Elisabeths sorgender Vater und Militärstratege nicht wusste, war, dass sich in der unweit vom Abteil seiner Tochter befindlichen Toilette ein junger, ansehnlicher, sportlicher Mann befand, der ungeduldig der Abfahrt des Zuges gen Süden entgegenfieberte. Es war der Dozent für alte Sprachen der Humboldt-Universität Berlin, Dr. Fritz Hellmann.

Elisabeth hatte ihn während ihres ersten Semesters in Freiburg zum ersten Mal erlebt, und nun war sie sehr gespannt, ihn dort wieder zu treffen. Kaum fing der Zug an zu rollen, öffnete sich die Tür zu ihrem Abteil. Sie war noch etwas benommen von ihrem kurzen, sehr schönen Traum. Nicht der Fahrkartenkontrolleur stand vor ihr, sondern Fritz Hellmann, ihr heimlicher Schwarm. Elisabeth war darin hart trainiert, ihre Gefühle im Zaum zu halten, denn vor ihrer sehr strengen Stiefmutter durfte sie diese nie zeigen. Ihr gutherziger Vater war sehr wenig zu Hause, so dass sie den vier groben Brüdern ausgeliefert war. Diesen verwilderten Rabauken konnte sie erst recht keine Gefühle preisgeben. Wie könnte sie nun die Lage meistern, wo nun schon ihr starkes Erröten zeigte, wie es um sie stand.

Fritz Hellmann, der fast zehn Jahre älter war und in der Annäherung an weibliche Wesen Erfahrung hatte, überspielte die schwierige Situation elegant, indem er Goethe zitierte: »Liebes Fräulein, darf ich's wagen, Arm und Geleit ihr anzutragen«, begann er, charmant zu überbrücken. »Bin Studentin, bin auch schön, möchte ungern alleine nach Freiburg gehn«, versuchte sie, unter Aufbietung aller Kräfte zu entgegnen. Danach sprang sie auf und flüchtete blitzschnell in die Toilette.

Die Flucht gab ihr die Gelegenheit, sich im Spiegel davon zu überzeugen, wie deutlich ihre Verliebtheit nach außen zu sehen war. Die doch heftige Rötung ihres sonst vornehmen, blassen Gesichts versuchte sie, mit hellem Puderwatteninstrument zu übermalen.

Als sie sich wieder einigermaßen sicher fühlte, verließ sie das sichere »Örtchen« und nahm ihren Platz vis-à-vis von Fritz Hellmann wieder ein. Bis zu ihrer Ankunft in Freiburg hatten die beiden noch drei Stunden Zeit für ein weiteres Kennenlernen. Das gelang sehr gut. Zum Abschied umarmten sich die Verliebten lange und innig. »Du, ich muss dich bald wieder sehen«, flüsterte er in ihr rechtes Ohr. »Ich komme sicher in deine Vorlesung«, hauchte sie ihm in sein linkes.

So trennten sie sich, jeder mit großem Glücksgefühl im Bauch. Vorerst blieb alles ihrer beider großes Geheimnis. Für Elisabeth gab es noch zwei weitere kleine zu beherbergen. Offiziell also für die Eltern studierte Elisabeth nicht Medizin. Das hätten sie, vor allem die sehr strenge Stiefmutter nie erlaubt und damit auch nie finanziert. Also gab die »folgsame« Elisabeth vor, für das Lehramt Philologie eingeschrieben zu sein. Das gefiel den Eltern, zumal das Medizinstudium zu dieser Zeit eine Männerdomäne war. Sich mit Leichen und eventuellem Aufschneiden derselben zu befassen, fand die Stiefmutter skandalös.

Ein zweites kleines Geheimnis umgab Elisabeth mit zwei eifrigen Medizinstudenten, die die hübsche junge Frau gern näher kennengelernt hätten. »Hallo Kollegin«, so begrüßte sie Heinrich, ein couragierter, stämmiger Kommilitone, als sie sich auf dem Wege zur Vorlesung begegneten. Elisabeth blieb höflich, distanziert – diese Übung beherrschte sie perfekt, weil in der Familie geübt, auch als Heinrich sich im Hörsaal neben sie setzte. In Gedanken war sie bei ihrem geliebten Fritz – für den Studenten neben sich lauschte sie angestrengt den Ausführungen des Anatomieprofessors. Doch Heinrich blieb nach der Vorlesung hartnäckig an ihrer Seite. Als er dann versuchte, sich mit ihr zu verabreden, erklärte sie ihm, sie müsse dringend ins Dekanat zu einer Besprechung, und verschwand blitzschnell.

Später, auf dem Weg in die Mensa traf sie Ernst, den kleinen, schmächtigen, witzigen Charmeur, der sich auch auf ihre Spur zu begab. »Hallo, wir kennen uns doch«, versuchte er anzubandeln. »Kann sein«, erwiderte Elisabeth kühl und drehte elegant eine Kurve in die andere Richtung. Sie hatte es sehr eilig, denn um 14 Uhr würde bei den Philologen die Vorlesung beginnen. Dozent war Fritz Hellmann. Elisabeth rannte die letzten Meter zum Hörsaal. Sie wollte dringend einen

Platz möglichst weit vorn ergattern. Während er sprach, hing sie an seinen Lippen und war wieder in ihren Traum versunken. Auch Fritz Hellmann war wohl vom Fieber der Verliebtheit ergriffen. Er wirkte manchmal etwas unkonzentriert, und auffallend oft wanderten seine Blicke für Sekunden in die erste Bankreihe, wo Elisabeth saß.

Für Elisabeth und Fritz begann nun die schönste Liebesromanze ihres Lebens. Sie umarmten, küssten und liebten sich mit der Unersättlichkeit eines jungen Liebespaares. Sie genossen lange Spaziergänge in der Dämmerung, sie hatten lange Gespräche über die alten Griechen, über Medizin und Literatur im Allgemeinen.

Sie spürten beide, wie ausgehungert sie nach Zärtlichkeit, liebevoller Berührung und Sex waren. Elisabeth hatte erlebt, wie die Stiefmutter alle potentiellen Freunde verjagte, und Fritz war so sehr mit seiner Karriere und der Wissenschaft verbunden, dass für längerfristige Beziehungen kein Raum war. Umso mehr genossen diese zwei lebenslustigen Verliebten nun die Freiheit im geliebten Studienort Freiburg.

Trotz herrschender Kriegsbedingungen wollten die beiden im Februar 1940 heiraten. Die Mütter des entschlossenen Brautpaares waren von diesem Vorhaben nicht sehr erbaut. Mutter Hellmann hatte Vorbehalte gegen die hochnäsigen Berliner Adelssozietät, und Vera von Dalwigk geb. Gräfin Grote rümpfte die Nase, weil ihre Stieftochter keinen adeligen Bräutigam zustande brachte. Doch Fritz Hellmann konnte sie mit seinem Scharfsinn, seiner gepflegten Sprache und seinem Charme mehr und mehr gewinnen. Auch seine Position an der Berliner Universität nahm ihn für sie ein.

Was zu dieser zeit noch keiner in den beiden Familien realisierte, war die kuriose Tatsache, dass ein Mitglied des Kreisauer Kreises, also die Gruppe von Offizieren, die Hitler beseitigen wollten, und ein überzeugter akademischer Edelnazi durch die Liebenden miteinander verwandt wurden – es bleibt unklar, warum General von Dalwigk nie bemerkt hat, dass seine von ihm sehr geliebte, damals einzige Tochter einen überzeugten Nationalsozialisten zum Mann wählte.

Geburt und frühe Jahre

AM 26. DEZEMBER 1940 beginnt nun das Leben des Erzählers, mein Leben. In Berlin-Lichterfelde kam ich im Rittberg-Krankenhaus mit 3600 Gramm Gewicht auf die Welt. Ich soll 53 Zentimeter lang gewesen sein. Aus meiner Baby-Erinnerung, die ich jetzt phantasiere, war es ein herrliches Gefühl, von Eltern geliebt zu werden, die sowohl in sich selbst als auch in ihr erstes männliches Kind derart verknallt waren, dass die Ankunft in dieser Welt ein Siegergefühl erzeugte: »Ich bin hier willkommen«.

Dieses Gefühl hat mich trotz mancher Nackenschläge des Lebens nie verlassen. Diese wunderbar hübsche Mama, die mich mit Hingabe und Begeisterung gestillt hat. Dieser Sieger-Vater, der immer wusste, was in jeder Lebenslage zu tun war – das war schon paradiesisch schön. Wir hatten das Glück, dass die Mama ihre schwierige Prüfung (Physikum) noch vor meiner Geburt geschafft hatte und der Papa noch nicht an die Front musste. So fühlte ich mich in diesem Trio, bei voller Beachtung und Fürsorge durch die beiden Eltern, in den ersten drei Jahren meines Lebens auf der Gewinnerstraße. Schon bald waren wir im Schwarzwald auf Spazierwegen, auf Titisee oder Schluchsee unterwegs. Immer durfte ich, ob in Berlin oder in Freiburg, mit den Eltern oder mit der Mama sein. So weit ein Auszug aus überliefertem Erinnerungsschatz.

Das Trio bekam in Berlin eine passende Wohnung. Dank seiner Parteizugehörigkeit hatte Fritz Hellmann gute Karrierechancen an der Universität, aber auch wegen seiner hohen fachlichen Qualität als Wissenschaftler. So konnte die junge Familie alle Vorteile der Upperclass in Berlin nutzen. Elisabeths Vater gehörte zu den obersten Militärs in Berlin, und Fritz Hellmann war Anwärter auf eine feste Beamten-/Dozentenstelle an der Universität. Somit blieb es nicht aus, dass das junge Ehepaar Hellmann auf zahlreichen Festivitäten und kulturellen Events akademischer Berliner Kreise zu sehen war.

Elisabeth schwebte von einem Glückszustand in den nächsten. Noch war sie im Zustand höchster Verliebtheit, dann ereilte sie das Mutterglück und sie erfuhr die lange ersehnte gesellschaftliche Reputation. Dem strengen Regime der Stiefmutter und der Horde der verwilderten Brüder war sie entronnen. Sie war im *Glück*. Für ihren geliebten Fritz wollte sie, in schwärmerischer Liebe, alles tun, und er wollte gern die Vorstellung Adolf Hitlers befolgen und mit seiner geliebten Elisabeth dem Führer vier Kinder schenken.

Am 31. März 1942 kam die Tochter Adelheid, meine Schwester, zur Welt, doch nun begann sich der Himmel über dem bisherigen Familienglück einzutrüben. Aus Sicht des damals zweijährigen Erzählers: »Da war plötzlich ein neues Baby da, auch noch ein Baby ohne Zipfel, also ein Mädchen. Er war doch ein wunderbares Kind? Warum brauchten die Eltern noch ein Kind? Und der Vater Papa musste weg zu den Soldaten. Das sollte ein zweijähriger Junge verstehen. Waren die Soldaten wichtiger als Mama und ich?

Die Eltern bekamen oft Angst, weil die Flieger auf die Häuser schossen. Warum denn das? Und dann musste die geliebte Mama später wieder ins Krankenhaus. Da war wohl nochmal ein Baby unterwegs? Aber das ging dann wieder weg?

Dann passierte das allerschlimmste: Wir alle mussten ganz schnell weg, weil die Kaputtschießerei in Berlin ganz schlimm wurde. Wir verreisten in die kleine Stadt, in der Oma und Opa, die Eltern vom Papa wohnten. Dort gab es für uns eine neue Wohnung. Unsere alte Wohnung in Berlin war inzwischen zerschossen worden. Nur die Badewanne war übriggeblieben. Den Papa habe ich noch einmal gesehen, 1944. Dann nie mehr. Niemand hat mir gesagt, warum er nie mehr zu mir, der Mama und der Schwester zurückkam.«

Elisabeth wurde nach dem letzten Treffen mit ihrem Fritz noch einmal schwanger. Dieses Kind, ein Mädchen, kam Anfang 1945 zur Welt. Fritz Hellmann hat es nicht mehr gesehen. Er fiel im Februar 1945 auf dem Militärflughafen von Piacenza in Italien.

So endete abrupt der steile Höhenflug der jungen Familie Hellmann im Bombenhagel und mit dem Tod von Fritz Hellmann, der eine brillante Karriere begonnen hatte. So endete auch die Sehnsucht von Elisabeth vom Liebesglück im Alter von 24 Jahren. Auch der Traum von Familie und Wohlstand an der Seite eines geliebten und erfolgreichen Mannes war durch den Krieg brutal beendet worden.

Nun beginnt eigentlich das Leben des Autors in der »beschützenden« Raupenhülle der Restfamilie mit der beklemmenden, einengenden inneren Verpflichtung, den Papa zu ersetzen und die gebrochene Mutter mit den zwei jüngeren Schwestern aufmerksam zu »betreuen«. Reinhard versuchte, die Rolle des »Sonnenscheins« in der Restfamilie weiter aufrechtzuerhalten. Er war damit seit dem vierten Lebensjahr völlig überfordert. Als Ausgleich begab er sich in die Rolle des »Tausendsassa«, der, auch wenn er keine Ahnung hatte, alle Probleme meistern konnte. Um der Aura der traurigen Mama zu entgehen, erfand er, zusammen mit seiner Schwester, sie war drei, er fünf Jahre alt, eine nur für die beiden verständliche, geheime Kindersprache. So bildeten die beiden älteren Kinder eine Schicksalsgemeinschaft in ihrer Trauer.

Wie traurig Reinhard im Alter zwischen vier und fünf Jahren war, zeigt die folgende Episode: Er hatte sich, um seinen Schmerz auszudrücken, Zeige -und Mittelfinger der rechten Hand mit einem Pflasterverband zugebunden. Schwester Pauline, eine militante Diakonisse, die immer überall Unheil witterte, sah das. »Was hast du denn da an der Hand«, fragte sie, scheinbar besorgt. Dann riss sie ihm den Verband brutal ab. Reinhard erschrak sehr. »Aha, nichts«, kreischte sie erbost, holte einen Rührlöffel aus der Küche und schlug auf die nun bloßgelegten beiden Finger kräftig ein. »Jetzt hast du einen Grund für Schmerzen, du schlechter Junge, du«.

Auf dem Weg nach Hause musste Reinhard dringend aus Klo, der gesamte Haufen ging in die Hose. Zu Hause musste die Mama, der er so großen Kummer bescherte, alles säubern. Er kam fast um vor schlechtem Gewissen. Die Mutter war nicht mehr die glückselige »Berliner Mama«, sie war tieftraurig, schwanger mit dem dritten Kind.

Sie bekamen oft Besuch vom Jugendamt. Man musste nachschauen, ob die arme Witwe die Kinder ordentlich versorgte. Zu allem Überfluss mischte sich auch noch die boshafte Schwiegermutter ein:»Du bist schuld, dass mein geliebter Sohn Fritz sterben musste. Du hättest ihn bis zum Kriegsende verstecken müssen.«

Solchen verletzenden Unsinn musste sich die arme Elisabeth, die ihren geliebten Fritz verloren hatte, anhören, und damit nicht genug. Inzwischen war die zweite Tochter Barbara, also das dritte Kind auf der Welt. »Da hast du etwas Geld, damit ihr nicht verhungert«, sagte die Schwiegermutter bei einem Abschied.

Mit einigen Bettelbriefen hatte Elisabeths Vater ein wenig Geld von der Universität Berlin für sie bekommen können. Ihr geliebter Vater »Franz Freiherr von Dalwigk« verstarb 1947. So verlor sie auch ihn, den sie so sehr geliebt und entbehrt hatte.

Die Folge war, dass die Mutter eine Mauer der Trauer und der eisernen Disziplin um sich zog, so dass sie emotional gerade noch für ihre Kinder erreichbar war. In diesen schweren Jahren besuchten sie auch die zwei Verehrer aus der Studentenzeit wieder. Jeder der beiden versuchte, das Herz ihres ehemaligen Jugendschwarms zu erobern, obwohl sie inzwischen drei Kinder hatte und bettelarm war. Ihre Verehrung für ihren gefallenen, so sehr geliebten Fritz ließ keinen anderen Partner zu, auch wenn er noch so um sie warb.

Reinhards dringlicher Wunsch in dieser schweren Zeit hingegen war der Wunsch nach einem Vater. Wenn der eigene schon nicht wiederkam, so sollte die Mama einen netten anderen Papa herschaffen. Sie tat es nicht. Das machte ihn über Jahre sehr wütend auf seine Mama und das Schicksal.

Elisabeth musste sich in der Folgezeit den Annäherungsversuchen eines derben Nachbarn erwehren, ein grobschlächtiger Tierarzt, der dafür bekannt war, dass er allen jungen Bauersfrauen nachstellte, die er zu Gesicht bekam.

Reinhard bekam so viele Situationen mit, in denen er seine Mama leiden sah. Mal war er wütend auf sie, weil sie aus ihrer Trauer nicht herausfand, dann wieder war er auch verliebt in sie, weil sie immer noch sehr hübsch war. In seinen Träumen tauchte viele Jahre lang ein leerer Bilderrahmen auf, in dem der Kopf vom Papa fehlte.

1946, mit knapp sechs Jahren, stand Reinhards Einschulung an. Der Amtsarzt, der dafür die Eignungsuntersuchung zu machen hatte, schaute Reinhard über seine Halbbrillengläser prüfend an: »Also, Frau Hellmann, ein stämmiger Junge ist das. Zum Studieren taugt der nicht. Lassen sie ihn ein ordentliches Handwerk lernen.«

Das war wieder mal ein Tiefschlag für Elisabeth, die so gehofft hatte, dass ihr einziger Sohn die Begabung für ein Gymnasium und später für ein Studium, wie sein Vater, haben sollte. Doch so sehr auch die Schicksalsschläge auf sie niedergingen – sie ließ den Gedanken, dass ihr kleiner Sohn einst doch studieren würde, nicht los.

Reinhard kämpfte sich mühsam durch die ersten vier Grundschulklassen, um dann von einer boshaften Lehrerin – sie verteilte mit Freude 40 Stockschläge auf die Hände der Kinder – zu hören, dass er in der fünften

Hauptschulklasse gut aufgehoben sei. So geschah es, als seine Mama nicht mehr die Kraft hatte, einer Lehrerin zu widersprechen.

Doch in der fünften Klasse verbesserte Reinhard seine Schulleistungen so sichtbar, dass der Besuch zur Aufnahmeprüfung ins Gymnasium möglich wurde. Zum vorgegebenen Termin spazierte er ganz alleine zum Deutschorden-Gymnasium Bad Mergentheim und bestand die Aufnahmeprüfung. Die Mutter war glücklich, weil sie ihren Sohn schon auf dem Weg zum Abitur sah. Der Weg dorthin war lang und auch beschwerlich, neun Jahre sollte er dauern. Elisabeth setzte die Überlegungen »ihres Fritz« fort. So begann für Reinhard die erste Gymnasialklasse mit Latein. Griechisch sollte folgen.

Der Erzähler: »Ich war nie ein guter Schüler, doch konnte ich immer so viel, dass ich keine Klasse wiederholen musste. Doch war es manchmal zur Versetzungszeit kurz davor. Ich suchte bei ›Gefahr‹ meinen Lateinlehrer zur Nachhilfe auf. Das Geld dafür verdiente ich mit Lateinnachhilfeunterricht für eine Schülerin in der zweiten Gymnasiumsklasse. Die Eltern des Mädchens sahen mit Freude, wie sich die Leistungen ihrer Tochter von mangelhaft auf befriedigend im Sorgenfach verbesserten. Auch meine eigenen Leistungen stiegen von fast mangelhaft auf befriedigend an. Das Ergebnis war für alle Beteiligten zufriedenstellend. Der Lateinlehrer war etwas boshaft: ›Dein Vater war wohl sehr schlau. Bei dir merkt man nicht viel davon. Du bist kein Vir clarus (heller Mann).‹

Meine Notensituation spitzte sich zu. In Mathematik rutschte ich auf die Fünf zu. Hinzu kam Physik mit gleicher Tendenz. Latein war inzwischen nicht mehr gefährlich. Durch die Lehrplanänderung fiel Griechisch weg. Gott sei Dank. Französisch kam hinzu. Dieses neue Fach mochte ich. Auch in Deutsch war ich ganz gut.

Das Abitur war nicht mehr weit, als der Mathematiklehrer mich zu sich zur Privataudienz bestellte. ›Also, Reinhard Hellmann, wenn du nicht so faul wärest, könnte aus der Mathe-Fünf eine Vier werden. Dann wäre die eventuelle Fünf in Physik nicht so gefährlich.‹

Ich versuchte krampfhaft, auf ›dicke Hose‹ zu machen, und verkündete dem überraschten Pädagogen selbstsicher, dass ich mir eine Fünf in Mathe wohl leisten könne. Der Mathelehrer war fassungslos über so viel Unverfrorenheit. Ich kam mir damals großartig vor. Niemand konnte ahnen, wie mir ›die Düse‹ ging. Auch andere Lehrer versuchten, mich ›auf Spur‹ zu bringen: ›Wenn solche faulen Burschen wie der Hellman meinen, sie bekämen das Abitur nachgeworfen, so irren sie sich gewaltig‹, unkte der Klassenlehrer prophetisch ahnungsvoll.

Der Abiturtermin rückte heran. Ich brachte es fertig, zu diesem wichtigen Termin 15 Minuten zu spät zu kommen. Nur durch die Vermittlung der Chefsekretärin des Direktors war es möglich, dass ich noch zur Prüfung zugelassen wurde. Die Bedingungen für den Erwerb des Reifezeugnisses waren nun denkbar schlecht. Dennoch verkündete der Direktor mit Namensnennung *Reinhard Hellmann* die bestandene Prüfung und überreichte dem frisch gebackenen Abiturienten sein Zeugnis. Die anschließende Abiturfeier wurde in der Stammkneipe mit sehr viel Weißbier begossen. In meinem Seelenohr klang die Botschaft der beiden Eltern: ›Aufgeben gibt es nicht, du bist willkommen.‹

Mit dem Reifezeugnis in der Hand hatte ich alle Möglichkeiten, die akademische oder andere Regionen der Welt zu erobern. In meinem jugendlichen Übermut phantasierte ich, mich im Ausland an einer Universität zu bewerben, doch dann kam die innere Stimme zu Wort: ›Deinem Vater bist Du es schuldig, der Mutter die Freude zu machen und in der Nähe zu bleiben. Sie hat ihr Medizinstudium aufgegeben, weil sie mit dir schwanger wurde. Nun setze den Studiengang deiner Mutter fort. Sie hat es nach all dem Kummer verdient.‹

So sprach die innere Stimme, und ich folgte ihr. Ich wählte das Medizinstudium. Das war in Elisabeths Sinn und eine große Freude für sie. Das Studium, zunächst in Erlangen, dann in Freiburg war für mich nicht allzu schwer. Sie war überglücklich, als ich dort studierte.

An dieser Stelle empfand ich die Raupenhülle im Rückblick als besonders eng.

In dieser Zeit machte ich kuriose Bekanntschaften sowohl von der Seite der Adelsfamilie meiner Mutter als auch mit Professorenkollegen meines Vaters. Ob es nun Adelsfestivitäten der Herzogin von Baden im Hotel Colombi in Freiburg waren oder Begegnungen mit Professoren, mit denen mein Vater befreundet gewesen sein soll, all das war für mich befremdlich und gab mir das Gefühl: Weder das eine noch das andere ist meine Welt.

Während meiner Studienzeit an der Universität in Erlangen hatte ich versucht, mit Professor T., dem Vertreter der Altphilologen in Kontakt zu kommen. ›Hellmann, ja, ich erinnere mich. Nun, junger Mann, studieren Sie mutig weiter. Ich wünsche Ihnen alles Gute.‹

Mit dieser Erfahrung belastet, versuchte ich es noch einmal bei Professor N., dem Historiker in Freiburg. ›Ja, ja Hellmann… Junger Mann, wir sind alle froh, dass wir diese Zeit hinter uns haben. Nun, das mit Ihrem Vater ist tragisch. Sie sind jung und können noch viel erreichen. Alles Gute und auf Wiedersehen.‹

So wurde klar, dass die ehemaligen Freunde und Kollegen meines Vaters mit ihrem naziideologisch überzeugten Kollegen Hellmann möglichst nicht in Verbindung gebracht werden wollten. Das war eine bittere Begegnung mit der Realität.«

Enttäuschungswut

IM LAUF DER FOLGENDEN JAHRE wurde deutlich, wie Elisabeth immer noch der Gloriole um ihren Fritz verhaftet war. Im Rückblick wird verständlich, dass Elisabeth um sich eine abweisende, »steinerne« Mauer gezogen hatte, die keiner von außen her durchdringen konnte. Sie konnte sich dem Leben kaum noch zuwenden, nachdem ihr Liebster getötet war.

Jahrzehnte später, als Reinhard und Adelheid, die beiden älteren Kinder, 78 und 76 Jahre alt waren, fand ein Dialog zwischen Bruder und Schwester statt. Wir wurden uns einig, dass unsere Mutter nach dem Tod unseres Vaters von mehreren sehr guten Männern umworben worden war. Es waren die früheren Studienkollegen aus dem Medizinstudium, die dem Kriegswahnsinn entronnen waren. Sie hätten unsere Mutter, trotz ihrer Armut und der drei Kinder, gern als Gefährtin gehabt. Zum Kummer ihrer Kinder blieb sie als stolze, trauernde Kriegswitwe zurück. Den ernsthaft werbenden Männern schenkte sie kein Gehör. Wir beide inzwischen alt gewordenen Geschwister kamen zu dem Schluss: »Das hätte die Mutter für ihr Leben und das Leben ihrer Kinder tun können.«

In mir stieg wieder die alte Wut auf die Mutter hoch. Diese hatte sich, ichbezogen, vom Leben abgewandt und so auch ihren Kindern eine emotional beschwerliche und karge Kindheit und Jugend beschert. Während meiner Pubertät hatte in mir immer wieder die Wut getobt: »Wenn wir schon keinen Vater haben können, soll doch die Mutter wieder einen herschaffen. Besser, als gar keinen Vater zu haben.«

Diese Enttäuschungswut hat Reinhard in der gesamten Pubertät, also ca. neun Jahre lang begleitet. Wie gern hätte er lieber am Schlafzimmer seiner Mutter gelauscht und einen Liebhaber gehört, als wütend, traurig und enttäuscht bei anderen Familien die Väter zu erleben. Diese wütende Enttäuschung wurde noch begleitet von dem quälenden Gefühl: »Wer kann mir sagen, was im Leben wichtig und bedeutsam ist.«

Eine kleine Episode aus dieser Zeit zeigt die Situation: »Ich hatte, statt eines Vaters, viele Tiere um mich herum. Eine flügellahme Krähe, zwei Hamster, einen Wellensittich, später einen Hund, und auch ein Aquarium mit Goldfischen. Das Aquarium hatte an der rechten unteren Ecke eine undichte Stelle. Ich versuchte, sie immer wieder dicht zu bekommen. Das gelang nicht. In meiner mit Hilflosigkeit getränkten Wut warf ich das Aquarium zu Boden. Die Mutter besah sich die Katastrophe und sagte tieftraurig: ›Wenn das dein Vater hätte erleben müssen.‹ Damit mischten sich noch schwere Schuldgefühle unter.

Auch begleiteten mich jahrelang Träume mit einem Bilderrahmen, in dem zwar der Rahmen vorhanden war, doch der Kopf des Vaters fehlte.«

Zur Wut und Trauer über den nicht mehr vorhandenen Vater und die Mutter, die keinen neuen Mann in die Familie brachte, kam das Gefühl von *Alleingelassensein* und *Einsamkeit*. Als Gegenwehr entwickelte Reinhard ein charmantes, gewinnendes Wesen. Dabei war die Angst vor ersten Schritten in Richtung Weiblichkeit sehr groß. In Zeiten der Pubertät verabschiedete er eine Tanzstundenpartnerin aus der Nachbarschaft: »Du willst sicher keine Umarmung von mir.«

Erst im Alter von Anfang 20 konnte er langsam merken, dass Frauen sich für ihn interessierten. Im Studium hatte er dann ein Jahr eine Freundin, die ihn unbedingt haben wollte. Das machte ihm so Angst, dass er sie wieder verließ. Das Pflichtbewusstsein gegenüber der Mutter und der Anspruch, so gut zu werden wie der Vater, sorgten dafür, dass er schnell und pünktlich, nach elf Semestern samt Promotion und mit 24 Jahren sein Studium abschloss. Für seine Mutter war es eine große Freude, als sie auf der ersten Seite der Promotionsarbeit las: »Meiner Mutter in Dankbarkeit«.

Während des Studiums hatte es zwar ein paar »wilde« Kurzbeziehungen gegeben, doch eine nach seiner Vorstellung erfüllende Beziehung gab es nicht. Das Thema

Weiblichkeit, Sexualität und Frauen bekam in Reinhards Leben nie eine große Bedeutung. Pflichtgemäß konnte er erst nach stabiler Existenzgründung als Assistenzarzt mit 29 Jahren heiraten. Der Kinderwunsch war stark. Erfüllender Sex war mit der Partnerin, die als Jugendliche sexuell missbraucht war, nicht möglich. Das wurde ihm während dieser Ehe, aus der drei Söhne entstanden, gar nicht bewusst. Für ihn war es wichtig, dass sie beide äußerlich ein ähnliches Traumpaar darstellten wie einst seine Eltern. Auch er war in »Promikreisen« ein gern gesehener Gast mit seiner sehr attraktiven Frau an der Seite. So ahmte er das Bild seiner Eltern im kleineren Format nach. Die Ehe zerbrach nach ca. 15 Jahren am destruktiven Ehekrieg der beiden »Kriegskinder«.

Herr und Hund

SCHON MIT ELF JAHREN hatte Reinhard den sehnsüchtigen, dringenden Wunsch nach einem Begleiter, nach einem Hund, der immer für ihn da sein sollte. Da tauchte plötzlich in der Familie eines Freundes *Molly* auf. Sie war eine Dackel-Schnauzer-Mischung und drei Monate alt. Reinhard war von der Idee besessen, die kleine Molly zu retten. So machte er seiner Mutter den Vorschlag, das Tier in die Familie aufzunehmen. Die Mutter war nicht begeistert. Doch er erinnert sich an den entscheidenden Tag, als er Molly geholt und auf den Küchentisch gesetzt hatte: »Schaff sie wieder weg, wenn du kannst«, herrschte er die Mutter an. Sie gab nach. Seitdem war Molly seine ständige Begleiterin auf allen Streifzügen. Später dann auch bei den abendlichen Besuchen im *Funkenstüble*, seiner Stammkneipe während der Pubertät. Das Ende von Molly war vorgegeben durch ihren dackelspezifischen Eigensinn.

Reinhard erinnert sich: »Ich besuchte mit Molly meinen Jagd- und Reiterfreund Hannes. Vor seinem Haus machte sie sich im Gebüsch zu schaffen. Ich hörte von der Ferne ein Motorengeräusch. Ich rief Molly, doch sie kam erst dann, wann sie wollte. Der Autofahrer überfuhr sie. Sie war nicht sofort tot. ›Hannes, hol dein Gewehr und erlöse sie‹, bat ich meinen Freund. Der holte blitzschnell sein Jagdgewehr und gab ihr den erlösenden Gnadenschuss. Zu Hause im Garten bekam Molly ein würdevolles Grab. Noch wochenlang hörte ich ihr Hecheln und Bellen. Ich habe meine treue Begleiterin sehr vermisst.«

Viele Jahre später überkam Reinhard wieder ein sehnsüchtiger Wunsch nach einem Hund. Dies war wohl auch bedingt dadurch, dass die erste Ehe schon zu kriseln begann.

Er erinnert sich: »Das Gefühl, wieder einen Begleiter zu haben, wie einst Molly, wurde immer intensiver. Bei meiner Suche nach einem passenden Hund landete ich bei einer Züchterin, die Leonberger Hunde züchtete. Bei einem Schnupperbesuch sah ich mehrere drei Monate alte Welpen herumtollen. Einer davon ›kämpfte‹ mit einem Grashalm, den er versuchte, mit seinen tapsigen Pfoten niederzuhalten. Das war *meiner*. FALK war sein Name, und er kam drei Wochen später zu uns. Seine Ankunft unterstrich er, indem er einen riesigen Haufen unter das Klavier platzierte. Unser zweitältester Sohn Philip war von dem Vorfall sehr begeistert: ›Du, Papi, des möchte ich auch mal so machen.‹

Falk war ein eigenwilliger, wilder Rüde, an dem die meisten Erziehungsversuche abprallten. Als er dann, im Alter von zwei Jahren, die Abschlussprüfung in der Hundeschule absolvieren sollte, verlief zunächst alles nach Plan. Doch als der zuständige Prüfer sehr dicht bei ihm stand, hob der Hund das Bein und setzte einen kräftigen Urinstrahl auf dessen frisch gebügelte Hose. Das gab zwei Punkte Abzug.

Falk verstand es, oft die ganze Familie, besonders aber seinen Herrn in riesige Aufregung zu versetzen. So wunderschön es war, mit diesem wolligen Riesen in der Sonne im Laub im Wald zu liegen, so wütend wurde ich immer wieder, wenn er wilderte oder gar ein Schaf aus einer Herde gerissen hatte. Auch, wenn er eindeutige Begattungsversuche bei Besucherinnen machte und so offenlegte, dass die Freundinnen menstruierend unterwegs waren; und auch, wenn er, auf dem Wege zu einer läufigen Hündin, den Eingang zu seiner Angebeteten knurrend versperrte. Dann musste der Tierschutz anrücken und uns benachrichtigen, wo sich der verrückte Liebhaber gerade befand.

Falk konnte im Sommer sein Wägelchen, im Winter den Schlitten mit den Kindern ziehen. Das war die schöne Seite dieses geliebten Monsters. Als er dann, als Folge der häufigen Wilderei, mit seinem Herzen schwächelte, musste er eingeschläfert werden. Das war für mich ein Verlust, den ich bis heute nicht vergessen kann.«

Auch die zweite Ehe begann mit Glamour, Promigebaren und dann Wohnen am Ostufer des Starnberger Sees. Erst in jahrelanger, mühsamer Eigenanalyse konnte er dieses narzisstische Gebaren langsam ablegen. Auch diese Ehe, aus der noch eine Tochter und ein Sohn stammen, zerbrach im Rosenkrieg. Erst in der dritten Ehe, die nun schon 20 Jahre gut geht, war es Reinhard möglich, eine liebevolle Beziehung zu leben.

Ein Rückblick mag klären, warum die ersten beiden Ehen zerbrachen und warum viele seiner destruktiven Verhaltensweisen dazu führten, dass sein Leben, das so hoffnungsvoll begonnen hatte, in zahlreichen Krisen endete.

Zunächst hatte der Krieg der kleinen Familie den Vater weggerissen. Reinhard wurde in die Lücke, die der Vater hinterließ, hineingestoßen. An der Hand der verängstigten Mama rannte er gegen Ende des Krieges noch oft in den schützenden Luftschutzkeller. Später erlebte er das brennende Würzburg aus der Ferne. Dann folgte das Erleben dieser Trümmerstadt mit den Menschen in dem Trümmerfeld. So begann er, ein »Retter-Gen« bzw. ein »Versorger-Gen« für die Mutter und auch für seine zwei Schwestern zu entwickeln. In dieser permanenten Überforderung lebte er viele Jahre, sowohl gegenüber der ersten als auch der zweiten Ehefrau.

Hier ein paar persönliche Erinnerungen dazu: »Schon mit acht oder neun Jahren sorgte ich, ob bei Geburtstagen oder an Weihnachten bzw. Silvester, immer für gute Laune und Lachen. Besonders gern spielte ich den Kaufmann aus Paris. ›Ihr Damen und Herren, ihr könnt bei mir alles kaufen, aber ihr dürft dabei nichts sagen und vor allem nicht lachen. Wer lacht, darf nicht mehr mitspielen. Auch derjenige, der etwas sagt.‹

Dieses Spiel erlaubte mir, in komischer Sprache die Menschen zum Lachen zu bringen, und alle hatten ihren Spaß. In späteren Jahren entwickelte ich daraus den ›Partylöwen‹, der, obwohl ein armer Schlucker, gern zu vielen Partys eingeladen wurde.

Auch ein Bespiel aus der Zeit kurz nach der Evakuierung aus Berlin: Mit knapp fünf Jahren konnte ich einen englischen Satz: ›Hello how are you.‹ Damit verschaffte ich mir Zugang zu der amerikanischen Besatzerfamilie in der Straße. Kurz darauf fuhr ich stolzer, kleiner König mit dem roten, ballonbereiften amerikanischen Fahrrad meines amerikanischen Freundes durch das Wohnviertel.

Später dann, in der Pubertät, mit 15/16 Jahren ging ich, sehnsüchtig zu den Tennisplätzen schauend, an diesen entlang. Plötzlich sah ich einen Tennisball über den hohen Zaun ins Gras fliegen. Schnell griff ich den Ball und brachte ihn den Spielern auf den Platz. Die Herren waren hoch erfreut und stellten mich als Balljungen für 50 Pfennige Lohn an. Das war der Beginn meiner Tennislaufbahn. Auf dem Dachboden fand ich in einer

grünen, metallenen Militärkiste Papas alten Tennis-
schläger. Mit dem veralteten Modell trainierte ich anfangs fleißig an der Tenniswand. Nach zwei Jahren war
ich zweiter Herren- und Jugendmeister im Tennisclub
der Stadt. In dieser Zeit schaffte ich es mit einem Freund
zu einem alten Paddelboot. In diesem fuhren die zwei
›Kapitäne‹ stolz auf der Tauber entlang. Auch zu dieser
Zeit erkämpfte ich mir meine kleine Dackelmischlings-
hündin Molly. Sie gehörte zu den beiden Bootseignern.«

Die Großmama

DIESE GROSSMAMA SPIELTE in Reinhards Leben eine besondere Rolle. Das war keine Oma, mit der man auf einem Sofa beim Kuscheln Märchen vorgelesen bekam. Das war keine Oma, die gebrechlich oder gar senil war. Ihr aristokratisches Gesicht mit der gebogenen »Adlerschnabelnase«, die vornehm altmodische, schwarze Kleidung mit dem dazugehörigen kronenartigen Hut und dem schwarzen Gehstock — all das gab ihr die Aura einer Herrscherin, der keiner etwas zu gebieten hatte, vor der die Menschen Respekt, vielleicht sogar Angst hatten. Im kleinen, um die Burg Lichtenfels gebauten Dorf Dalwigkstal gab es die Bauern, die früher den Burgherren zehn Prozent ihres Ernteerlöses abgaben. Wenn nun Vera geborene Gräfin Grote, verheiratete Baronin von Dalwig zu Lichtenfels durch das Dorf der »Vasallen« —so nannte sie die Bauern — schritt, grüßten fast alle Dorfbewohner sie respektvoll. Sie genoss das sehr, zollte aber ihrerseits den Dorfbewohnern keinerlei Achtung oder gar Respekt.

Nun erinnert sich der Erzähler persönlich an einige Begebenheiten mit seiner »Großmama«: »Im Alter von acht bis knapp neun Jahren durfte ich erstmals alleine, aber mit Hilfe der Bahnhofsmission zur Großmama reisen. Das war schon sehr aufregend, bis ich endlich in ihrem kleinen Häuschen in Dalwigkstal ankam. Wie anders war die Atmosphäre bei der Großmama in ihrem kleinen Häuschen. Ich war gewohnt, auch Sorge zu tragen für die beiden Schwestern. Ich war zuständig dafür, die traurige, fast immer ernste Mutter aufzuheitern. Wie seltsam war es, nun behandelt zu werden, wie fast schon erwachsen mit dem Gefühl, ich sei vielleicht ein ›kleiner Prinz‹? Großmama sprach mit ihrer angeheirateten Verwandten, der Schulleiterin der Dorfschule Baronin von Dalwigk. So wurde ich auch in der Dorfzwergschule — alle Klassen waren in einer Klasse zusammengefasst — beschult. Ich wurde zu verschiedenen Verwandten der Familie Dalwigk geschickt. Zuvor gab die Großmama mir Benimmregeln für die verwandten Baronessen und Barone mit. Mir war das alles reichlich neu. Ich war auch reichlich verwirrt, denn meine Vettern hießen Reinhard von Dalwigk oder auch Hans-Bernd von Dalwigk. Die Tanten mussten mit Handkuss begrüßt werden. Als ich am Sonntag mit Großmama die familieneigene Dorfkirche besuchte, steuerte ich zielsicher ins Schiff der Kirche, wo die Dorfbewohner saßen. Mit festem Griff stoppte mich die Großmama und zischte: ›Du gehörst auf die Empore, dort, wo seit Jahren die Familie ihren Platz hat.‹

Damit steigerte sie meine Unsicherheit. Ob ich unter all den Baronessen und Baronen als Reinhard Hellmann einen Platz zu beanspruchen hätte?

Mein Vetter Reinhard von Dalwigk, der später ein gerissener Jurist wurde, sagte mir zu dieser Zeit: ›Eins ist sicher, in unser Familiengrab, also in die familieneigene Gruft kommst du sicher nicht.‹

Zwar drängte es mich nicht in die Familiengruft, doch hat mich die Bemerkung meines Vetters darin bestätigt, dass ich mich auf dem Bauernhof neben Großmamas Häuschen viel sicherer und wohler fühlte, auch weil es dort einen gleichaltrigen Jungen namens Roland gab, der mir zeigte, wie man Kühe auf die Weide und wieder zurück in den Stall trieb. Bei einem solchen Versuch wurde ich von OLGA, einer besonders wilden Kuh, umgerannt und blieb verängstigt im Kuhfladen liegen. Das war zwar auch nicht sehr respektvoll von der Kuh, doch im Vergleich zu den adligen Verwandten mit ihrem arroganten Geschwätz noch besser zu verkraften.

Mit Hilfe der Großmama kamen auch Besuche auf der Burg, wo meine Mutter aufgewachsen war, zustande. Dort lernte ich noch einen Vetter Ulrich kennen, der zwar nicht so arrogant, dafür aber rotzfrech und respektlos war. Später erfuhr ich, dass seine Mutter, also meine Tante, mit einem italienischen Arbeiter mit ihm schwanger geworden war. Ich vermutete, dass auch er nicht in die Familiengruft durfte. Von all diesen meinen

Gedanken erzählte ich der Großmama nichts. Für sie und mich gab es schöne Stunden. Sie zeigte mir, wie man kunstgerecht ein schönes Steak medium briet. Sie zeigte mir, wie man eine filterlose Zigarette (Marke Nil) mit trockenen Lippen zu rauchen hatte. Sie zeigte mir, wie man eine Flasche Schampus zu öffnen hatte. Sie zeigte mir, wie man einen Badeofen mit Holz anheizte. Von ihr lernte ich auch Champignons von Giftpilzen zu unterscheiden. Anfangs sammelte ich fleißig Champignons, bis ich die Lust verlor und ihr erzählte, dass ich keine mehr finden könnte. Später dann, als ich schon studierte und mein kleines Auto hatte, traf ich mich mit Großmama im Hotel Gebhard in Göttingen. Sie zeigte mir, wie man mit Hotelpersonal umging. Sie bestellte um Mitternacht ein Tablett mit Kanapees, weil ihr danach zumute war. Sie zitierte dann beim Frühstück den Kellner zu sich. Er sollte bestätigen, dass das Frühstücksei nicht wachsweich war. Das Ei wurde schnellstens durch ein wachsweiches Frühstücksei ersetzt.

Auch fuhren wir zur Verwandtschaft meiner Mutter. Ihre leibliche Mutter war ja eine geborene Gräfin Beissel. Großmama als geborene Gräfin Grote fühlte sich dort unter ihresgleichen. Das Herrschaftshaus der Grafen Beissel war ein Schlösschen. Wir saßen dort an der großen ovalen Kaffeetafel, ich saß am unteren Ende des Ovals und erlebte ein klassisch adliges Tischzeremoniell. Der Diener trug auf und wurde von der Großtante

Gräfin Beissel scharf gerügt, wenn er von der falschen Seite auftrug.

All diese Erinnerungen hatte ich in mir gespeichert, als Großmama uns besuchte. Von Anfang an war spürbar, dass Mama Elisabeth und Großmama sich nicht besonders sympathisch waren, auch wenn sie respektvoll miteinander umzugehen versuchten. Ich genoss es, dass Großmama viel mit mir sprach – damals war ich schon ein Jugendlicher. So kam es, dass ich vorschlug, ihr das kleine Bahnhofskino zu zeigen, in dem immer Wild-Westfilme liefen. *Die drei Desperados* standen auf dem Programm. Sie war begeistert. Sie kaufte die Eintrittskarten. Wir betraten das kleine, abgedunkelte Kino. Doch nun war es für Großmama schwierig, ihr relativ breit gewordenes Gesäß in den schmalen Holzkinostuhl zu zwängen. Sie schaffte es mit mächtigem Geschnaufe. Als der Film zu Ende war, habe ich weggeschaut. So musste ich nicht mitleiden, als sie den engen Holzstuhl wieder verließ. Wir haben dieses kleine Kino nicht wieder besucht. Ich war später noch öfters da. Tarzan war mein Held.

Großmama starb, als ich kurz vor dem medizinischen Staatsexamen stand. Mutter Elisabeth riet mir, ich solle lieber lernen, statt zu ihrer Beerdigung zu kommen. Das habe ich mir viele Jahre lang nicht verziehen. In späteren Jahren wurde mir klar, dass die Großmama mir half, die aus moralischer Verpflichtung und Sehnsucht bestehende enge Raupenhülle zu lockern. Indem sie mir eine völlig andere Welt zeigte, konnte ich mit gestärktem Selbstwert meinen schwierigen Lebensweg weiter gehen.«

Vaterfiguren und Berufsstationen

WIE SCHON EINIGE der geschilderten Begebenheiten zeigen, gab es bei Reinhard ein Talent, aus dem, was er vorfand, das Beste zu machen. Das zeigte sich auch in seiner Zeit als Student der Medizin. Die beiden Klausuren in Physik, ein Fach, in dem er schon zu Schulzeiten schwach war, bestand er mit Hilfe einer Mitstudentin, die ihn großzügig abschreiben ließ. Dann, später im Physikum, das im Hörsaal vor 300 Studenten stattfand, erlaubte er sich, dem Professor für Biochemie auf dessen erstaunte Frage, »Warum wissen sie das nicht«, zu antworten: »Weil ich zum ersten frühen Termin in die Prüfung ging. Die Zeit hat nicht gereicht.«

Der Professor schmunzelte und sagte nur: »Dann werden sie wohl mit einer Note gut statt sehr gut zufrieden sein müssen.«

Auch später dann, im Staatsexamen, überraschte er den Pathologieprofessor mit einer frechen Bemerkung. Es waren immer »Vaterfiguren«, die seinen risikofreudigen Widerspruch hervorriefen. Besonders autoritäre Chefs reizten ihn zum besonders. Eine Ausnahme war der Direktor der Stuttgarter Kinderkliniken. Dieser war ein kluger, gütig weiser Mann mit überzeugender Autorität. Zuvor war er im Krach aus der Stuttgarter Frauenklinik ausgeschieden. In der Stuttgarter Kinderklinik wäre er vielleicht geblieben, wenn er nicht wieder in einen Rivalitätsstreit mit dem dortigen Oberarzt geraten wäre. Offensichtlich waren potentielle Vaterfiguren ein regelmäßiges Karrierehindernis für Reinhard. Dennoch überstand er all diese Krisen, indem er den völligen Untergang immer wieder verhindern konnte – er fand jedes Mal neue Möglichkeiten weiterzukommen. So hatte er an der Universitätskinderklinik Heidelberg eine vielversprechende Assistentenstelle. Das ging so lange gut, bis er sich mit seinem Chef so zerstritt, dass er die Klinik schließlich verließ. Doch dann ließ er sich von einem Schulfreund, einem reichen Zahnarzt, verleiten, eine neue Kinderarztpraxis in Herrsching am Ammersee zu eröffnen. Mit der ihm eigenen Tatkraft und Zielstrebigkeit setzte er das Projekt ohne Rücksicht auf die Rentabilität einer Kinderarztpraxis in der Ersteröffnung um.

Belastet durch Familie mit zwei Kindern und, nun mit einer finanziellen Bürde einer Praxisneugründung, steuerte Reinhard frohgemut sein Schiff weiter. Er erwarb mit dem Geld von der Bank ein Segelboot, schaffte noch ein Pferd an, das bald ein Fohlen bekam. All das trug die finanzielle Decke, die da war, nicht. Schon bald wurde deutlich, dass der Chef der lokalen Bank nur mühsam einer Erweiterung des Kreditrahmens zustimmte.

Inzwischen war Reinhard mit seiner attraktiven Viktoria am Ammersee so bekannt, dass er bei den Liberalen politisch aktiv wurde. Typisch für ihn, dass er bei den lokalen Wahlen vom letzten Listenplatz auf den ersten Platz vorgehäufelt wurde. Das verschaffte ihm den Ruf eines politischen Talents im Landkreis Starnberg. Er bekam einen Platz im Gemeinderat in Herrsching/Ammersee und war ein gern gesehener Gast bei vielen Promifeten. Inzwischen war auch sein dritter Sohn Felix auf der Welt, der vermutlich ein Versöhnungskind in der deutlich kriselnden Ehe des Ehepaares Dr. Hellmann war. So wie der Krieg und die Naziideologie die Ehe seiner Eltern ruinierte, so zerstörte Größenwahn und Realitätsferne Reinhards erste Ehe.

Doch Reinhard war guter Dinge. Er verlegte, nach 12-jährigem Versuch, erfolgreich zu sein, die Praxis kurz entschlossen nach Starnberg. Er konnte die Banker überzeugen, dass dort die Praxis mehr abwerfen würde. Auch mit Hilfe seiner neuen Freundin und späteren Ehefrau war ein neuer Kredit zu mobilisieren. Wiederum wurde, mit größerem Aufwand, die zweite Hochzeit mit dem Segen des Bürgermeisters der Gemeinde Berg begangen. Der Praxisumzug und der private Umzug in ein Haus mit Pool am Ostufer des Starnberger Sees gelang auch noch. Doch dann war es nicht mehr zu verbergen, dass die finanziellen Sünden der Vergangenheit Folgen hatten. Der großspurige Umgang mit Geld führte dann zum

Verkauf der Starnberger Praxis. Ein Umzug nach Markt Indersdorf in ein dortiges Ärztehaus versprach Genesung von der ruinösen »Krankheit«. Das eigentliche *Krebsgeschwür,* nämlich Realitätsferne und verblendete Selbsteinschätzung, wurde durch zögerliche Einsicht in Richtung Heilung gebracht. Wie von innerer Steuerung gelenkt, begann Reinhard trotz noch erheblicher Restschulden eine Psychoanalyse.

Er selbst sagt in Erinnerung daran: »Wie durch einen inneren Magneten gelenkt, zog mich die Psychoanalyse in ihren Bann. Trotz einiger enttäuschender Tiefschläge im Rahmen dieser Ausbildung, war ich von dieser Spur, trotz warnender Stimmen der Familie und der Kollegen, nicht mehr abzubringen.«

Mit Hilfe der zweiten Ehefrau und einem befreundeten Banker gelang noch einmal eine Umschuldung, doch schließlich landete das Schiff im Unwetter der Insolvenz. Auch die zweite Ehe wurde geschieden. Tochter und Sohn daraus wurden sehr belastet. Während der sechsjährigen Insolvenz, die mit Hilfe einer guten Insolvenzverwalterin und einem jetzt sehr guten Steuerberater zu meistern war, gelang es Reinhard mal wieder, nach oben zu kommen. Dabei half ihm seine neue Partnerin und spätere Ehefrau entscheidend mit.

Zwischenruf

WELCHE SYSTEMFEHLER HABEN Reinhards Leben nach oft steilem Aufstieg immer wieder zum Absturz geführt? Schon seine Eltern hatten im Hitlerdeutschland einen romantisch geprägten, idealistisch gefärbten, steilen Aufstieg gelebt. Fritz Hellmann glaubte, durch die Zugehörigkeit zur NSDAP und die sehr erfolgreiche Laufbahn an der Berliner Universität gegen alle Schicksalsunebenheiten gefeit zu sein. Dann heiratete er noch eine schöne Frau aus dem Berliner Militäradel. Alle Kriterien für ein sorgenfreies Leben in der Upperclass von Berlin waren gegeben. Dank seiner biederen, bürgerlichen Herkunft hatte er nicht die Möglichkeit, die gemeine Raffinesse der Nazis zu erkennen. Er glaubte daran, in der Nationalsozialistischen Partei Deutschlands eine sichere politische Heimat zu haben. Seine junge Frau Elisabeth von Dalwigk kam aus äußerlich gutem Hause. Ihr Vater, der General der Kavallerie Franz Freiherr von Dalwigk zu Lichtenfels, mit seiner zweiten Frau Vera geb. Gräfin Grote stellten in Berlin, später in Paderborn und Hannover ein stattliches, repräsentatives Paar dar.

Elisabeth glaubte fest an die Liebe zu ihrem Fritz. Sie war gefangen in ihrer Illusion, dass sie mit ihm alles schaffen könne. Reinhard, ihr erstes Kind, wuchs drei Jahre lang in dieser Siegeraura auf. So trug er weiterhin die innere Fahne des Siegers in sich. Immer dann, wenn er eine reale Niederlage hätte anerkennen müssen, wandelte er sie in einen Sieg für sich um. Schon im Gymnasium war die Fünf in Mathematik nicht Resultat seiner Weigerung zu lernen, sondern ein Sieg gegenüber dem Mathematiklehrer. In Prüfungen an der Universität erreichte er kein »Sehr gut«, weil er schon zum ersten möglichen Termin zur Prüfung antrat – zu einem späteren Termin hätte er es, realistisch gesehen, gut erreicht. Sein Entschluss, seine erste Frau zu heiraten, entsprang einer Niederlage, die er mit einer geliebten Künstlerin aus München erlitten hatte. Sie hatte ihn freundlich abblitzen lassen. So schaffte er es wieder, aus der heimlich gespeicherten Niederlage einen prunkvollen Sieg, in Form einer Hochzeit mit einer sehr hübschen Partnerin, umzuwandeln. Auch das peinliche Ende seiner Universitätskarriere an der Universität in Heidelberg wurde in eine sehr gelungene Niederlassung als Kinderarzt in Herrsching am Ammersee, also im Speckgürtel von München umgemünzt. Dabei übersah er die Tücken des wirtschaftlichen Risikos einer Praxisgründung. Auch sein Vater Fritz Hellmann hatte das drohende Desaster des Zweiten Weltkrieges nicht realistisch eingeschätzt.

Aus nachträglicher Sicht fallen gewisse Systemähnlichkeiten auf.

Die Praxisgründung in Herrsching ging einher mit Aufwendigkeiten: So war der finanzielle Aufwand viel zu hoch im Vergleich zum zu erwartenden Ertrag. Doch das junge Ehepaar Hellmann zog in ein Haus, direkt am See gelegen. Ein Segelboot ward bald angeschafft. Ein großer Hund, auch ein Pferd gehörten bald zum Hausstand. Reinhard hatte bald den Bankvorstand der lokalen Bank als Tennispartner, doch als er diesen nach drei Jahren um eine Erhöhung des Kredits bat, war er bald als Tennispartner nicht mehr erreichbar. Reinhard erreichte eine notwendige weitere Krediterhöhung nur noch über eine Bürgschaft, die seine Mutter mit ihrem Haus möglich machte. So nahm die Talfahrt der noblen Jungarztfamilie — inzwischen gab es noch zwei weitere Söhne — an schnellem Tempo zu. Nachdem nun die Insolvenz vorhersehbar wurde, gelang es Reinhard — inzwischen war auch die Ehe am Ende —, mit Charme und Überredungskunst sowie mit Hilfe seiner neuen Partnerin eine Praxisverlegung nach Starnberg zu erreichen. Dort wiederholte sich das Blendwerk am Ostufer des Starnberger Sees. Der Umzug in ein 2000 qm großes Anwesen mit Pool wurde möglich. Die finanzielle Misswirtschaft wurde fortgesetzt. Sie war mit Rückendeckung der neuen Partnerin möglich. Mit ihr wurde, auch am Ostufer des Sees, die zweite Hochzeit gefeiert.

Zwischenzeitlich war Reinhard Ausbildungskandidat in einem Münchner Ausbildungsinstitut für Psychoanalyse geworden. Die Kosten dafür wurden vom wieder aufgefrischten Kredit bestritten. Durch den Beginn der analytischen Ausbildung dämmerte Reinhard langsam sein Beziehungsdesaster. Auch der finanzielle Ruin war wieder einmal absehbar. So konnte er die Niederlage mal wieder in einen Sieg umwandeln. Er verkaufte die Kinderarztpraxis, die inzwischen in Markt Indersdorf gelandet war, und konnte, auch durch Anmeldung der Insolvenz, die Finanzen so weit sanieren, dass eine Neugründung als Psychoanalytiker und Kinderpsychotherapeut möglich wurde.

Mit Hilfe seiner dritten Ehefrau und eines klugen Steuerberaters konnte er nun eine blühende psychotherapeutische Praxis aufbauen, die seit 20 Jahren Bestand hat.

Reinhard als Vater

REINHARD ALS VATER von fünf Kindern: Reinhards
Großvater hatte aus zwei Ehen sieben Kinder. Reinhard
hatte aus zwei Ehen fünf Kinder. Die Ehe mit seiner ersten Frau Viktoria verlief in den ersten fünf Jahren fried-
lich. Die beiden Eheleute kamen beide aus halbadligen
Nachkriegsfamilien. Beide hatten den Vater im Krieg
verloren. Reinhards Mutter war durch den Verlust ihres
geliebten Mannes gebrochen. Eine Kriegerwitwe mit drei
Kindern. Die Mutter von Viktoria entwickelte nach dem
Tod ihres Günther eine extreme Alkoholsucht. Die beiden
jungen Leute hatten die Aufgabe, eine beschädigte Mutter zu versorgen. Diese Aufgabe und die Ähnlichkeit der
Familien verband sie. Hinzu kam der Wille von beiden,
bald eine Familie haben zu wollen. Beide waren im Jahre
1940 geboren, Viktoria im April, Reinhard im Dezember.
Viktoria hatte eine gute Position als Hauswirtschafts-
und Gymnastiklehrerin am Gymnasium. Reinhard war
als Assistenzarzt in einer großen Stuttgarter Kinderklinik angestellt. Als sie beide im Klein-Walsertal zum Ski-
fahren unterwegs waren, fragte er sie plötzlich: »Meinst
Du, wir könnten vielleicht heiraten?«

Mit einem flüchtigen Kuss stimmte sie zu.

Reinhard erinnert sich: »Ja, ich war schon verliebt. Stärker aber war noch die Überzeugung, jetzt bald eine eigene Familie haben zu wollen. Die Hochzeit wurde vorbereitet. Nach reiflichen Überlegungen, wer eingeladen werden sollte und wer nicht, fand die Hochzeit dann kirchlich in Schwäbisch Hall statt. Dort war die Schule von Viktoria. In der Nähe lag Schloss Friedrichsruhe.«

Dort in der Nähe hatten sich die Brautleute bei der jährlichen Hubertusjagd zu Pferde kennengelernt.

Reinhard erinnert sich weiter: »Wir waren beide begeisterte Reiter. In die sehr attraktive Reiterin Viktoria habe ich mich sofort verguckt. Am Abend war dann zum Abschluss der Jagd das traditionelle Abschlussfest. Ich war dabei, auf Viktoria einen generösen Eindruck zu machen, und lud sie großzügig zum Essen ein. Als es dann um die zu bezahlende Zeche ging, hatte ich, oh Schande, kein Geld bei mir. So begann unsere Beziehung mit leerem Geldbeutel. Wir ahnten wohl nicht, dass sie auch so enden würde. Ich war trotz der Peinlichkeit guter Dinge, ging in der folgenden Woche zum Blumenladen, besorgte rote Rosen und stürmte damit in Viktorias Schule. Sie und vor allem die Schülerinnen waren überrascht und erfreut über diese romantische Abwechslung im Schulalltag. Ich hatte wieder einmal aus der Schmach einen kleinen Triumphzug modelliert.

Die Kirche St. Michael in Schwäbisch Hall mit ihrer

großartigen Treppe bot für unsere Hochzeit eine großartige Kulisse. Die Schülerinnen bildeten ein würdiges Spalier. Das Hochzeitspaar stieg, von Blumenmädchen gefolgt, die Stufen der prächtigen Treppe hinauf in die Kirche zum Altar, dem Ort des JAWORTS. Das war ein Ereignis für uns das Brautpaar. Beide kamen wir ja aus ärmlichen Nachkriegsverhältnissen. Als wir dann im weißen Sportcabrio zur Hochzeitsfeier nach Friedrichsruhe düsten, waren unsere Gedanken an Glück und ein schönes Leben gebunden.«

So weit Reinhards Erinnerung. Da war kein Raum für schwere Gedanken.

Schon bald nach der Eheschließung war Viktoria mit ihrem ersten Kind schwanger. Reinhard war auch ein wenig schwanger. Je näher der Geburtstermin rückte, desto aufgeregter wurden beide.

Er erinnert sich: »Wir waren in einer Zirkusvorstellung. Als bei der Pferdenummer die Fanfaren losströteten, Viktoria ein Ziehen im Bauch verspürte, da hatten wir die Vorstellung, dass die Geburt nun im Zirkuszelt gleich losginge. Wir eilten, Viktoria hatte große Mühe, zur nahegelegenen Geburtsklinik und baten um Hilfe. Die leitende Hebamme sah uns beide Erstgebärenden mitleidig an. ›Des hat scho no Zeit‹, sprach sie mit beruhigender Langsamkeit.

Zehn Tage später, es war ein sonniger Sonntagvormittag, am ersten November 1970, setzten die Wehen wirklich ein. Bei der Geburt konnte ich noch dabei sein. Der Professor hielt das Baby an den Beinen, mit dem Kopf nach unten, hoch, und ich hörte wie durch eine Wand: ›Einen kräftigen Burschen haben sie da.‹ Dann wurde ich, in schwächelndem Zustand, von einer Schwester in die Wartezone begleitet. Mechanisch griff ich zu einer Zeitung und gab mir so den Anschein des geduldig wartenden Jungvaters. Eine junge Schwesternschülerin kam des Weges: ›Wenn sie die Zeitung andersherum halten, können Sie sie lesen.‹

Beschämt musste ich mir eingestehen, dass ich im stark geschwächten Zustand die Zeitung falsch herum gehalten hatte. Vorbei war's mit der Gelassenheit. Etwas matt verabschiedete ich mich von der ebenso matten Viktoria. Sie war im Glück, konnte es aber nach ›geschlagener Schlacht‹ noch nicht genießen. Ich war so sehr von dem Geburtsevent durcheinandergewirbelt, dass ich mir ein paar Whisky-Soda einflößte. Danach wurde ich sehr mitteilsam und rief um Mitternacht meinen Schwager in Berlin an. ›Du‹, sprach ich ihn am Telefon mit schwerer Stimme an. ›*Wir* haben einen Sohn zur Welt gebracht.‹

Er war sauer, geweckt worden zu sein und legte grußlos auf.

Das frisch gebackene Trio erholte sich langsam vom anstrengenden Geburtsevent. Wir drei zogen in die zwei Zimmer-Wohnhöhle. Ich war, als Jungvater und als ›kundiger‹ Kinderarzt, so närrisch mit dem kleinen

Alexander, dass meine Viktoria Mühe hatte, auch mal das Kind, ihren ersten Sohn, wickeln zu dürfen. Doch gab es, bedingt durch viel Arbeit in der Klinik mit zahlreichen Nachtdiensten, reichlich Gelegenheit zur Normalisierung der Verhältnisse.«

Noch ein kurzer Rückblick in die Zeit vor der Gründung der eigenen Praxis, also in die Zeit an der Universität Heidelberg. In dieser Zeit kam der zweite Sohn Philip zur Welt. Es war auch die Zeit, in der eine Universitätskarriere für Reinhard in Aussicht stand. In einem Vorort von Heidelberg, in Ziegelhausen in Nähe des Neckars, bewohnte die junge Familie ein idyllisches kleines Reihenhaus. Im November '72 kam Philip, der zweite Sohn ins Haus. Reinhard war so sehr beschäftigt mit seiner Arbeit in der Kinderkardiologie an der Uni, dass er nicht sehr aufmerksam mit dem zweiten Sohn umging. Dieser machte schon auf der Neugeborenenstation durch lautes Schreien auf sich aufmerksam. Als Reinhard ihn zum ersten Kennenlernen besuchen wollte, meinte die Kinderschwester: »Der da hinten, der mit dem roten Kopf und dem lautesten Geschrei, des is er, Ihr Sohn.« Tatsächlich war Philip das lauteste Baby auf der Neugeborenenstation.

Das Hellmannquartett bewohnte nun, für knapp drei Jahre, das kleine »Ziegelhäuschen«, bis dann der Umzug nach Herrsching am Ammersee erfolgte. Die ersten vier Jahre dort, im Speckgürtel von München, verliefen

unbeschwert, wenn man davon absieht, dass die An-
fänge des Niedergangs schon gelegt waren. Auch die Ehe
kriselte. So kam es, dass im fünften Ehejahr ein »Versöhnungskind« des Ehepaars Hellmann auf den Weg
kam. In der sehr bekannten Münchner Frauenklinik in
der Maistraße kam dann *Felix* der *Glückliche* zur Welt.
Einerseits war er ein Sonnenschein, andererseits war
sein junges Leben schon überschattet von der Ehekrise
der Eltern und von zwei auf ihn eifersüchtigen, älteren
Brüdern. Als er drei Jahre alt war, brach die Familie
mit Trennung der Eltern endgültig auseinander – Weg-
gang des Vaters, Verlagerung der Praxis nach Starnberg
und Scheidungsbedingungen für die drei Söhne war
die Folge. Der Vater hatte bald eine neue Praxis und
eine neue Partnerin und bewohnte ein neues Haus am
Ostufer des Starnberger Sees. Die drei Söhne fühlten
sich solidarisch mit der verlassenen und gekränkten
Viktoria, ihrer Mutter. Der neuen Partnerin Claudia gegenüber waren sie sehr misstrauisch, vor allem, als die
noch schwanger wurde und eine Stiefschwester auf die
Welt brachte. Ein Kommentar von Philip, dem zweiten
Sohn, beschreibt den Unmut: »Wenn das ein Mädchen
wird, soll es in die Mülltonne.« Die Eifersucht auf die
Halbschwester war heftig. Die drei Söhne und auch die
Tochter Natalia erlebten Aufstieg und Niedergang Nummer zwei nun auch der Starnberger Praxis. Nicht genug
der Ereignisse von belastendem Charakter. Nach dem

turbulenten Wechsel der zweiten Familie, jetzt mit Doppelnamen *Hellmann-Brose*, nach Markt Indersdorf kam noch ein Halbbruder, Justus, in Dachau auf die Welt.

Reinhard resümiert oft: »Bei all den schweren Erlebnissen, die ich den Kindern beschert habe, staune ich noch immer über die Tatsache, dass vier Kinder ihren eigenen Weg finden konnten. Sehr schwerwiegend für mich war später der Tod von Alexander, meinem ältesten Sohn, als Folge einer Herzmuskelerkrankung. Im Alter von 36 Jahren. Der jüngste Sohn Justus erkrankte sehr schwer an Schizophrenie. Das war eine schwere seelische Last. Die drei gesunden Kinder haben sehr lebendige Familien. Aus ihnen wachsen sieben Enkelkinder heran. Bei all den Tiefschlägen in meinem Leben habe ich einen klugen Schachzug gewagt: Die Hinwendung zur Psychoanalyse. Sie gab mir die Möglichkeit, viele familiäre Zusammenhänge und auch die Verwirrung in mir selbst zu verstehen und zu versuchen, sie zu entwirren.«

Der Junge findet seinen Weg

WIE NUN VERLIEF die langwierige Suche nach einem Weg aus der inneren Verwirrung, hin zu innerer Klarheit und Sicherheit? Wie kann die Befreiung aus dem Dickicht der Irrtümer und Fehlentscheidungen gelingen? Der Vater war weg, die Mutter war in der Trauer und der völligen Überforderung versunken.

Reinhard erinnert sich: »Kaum konnte ich einigermaßen lesen, habe ich mich mit den Grimmschen Märchen, später dann mit Karl May und Lederstrumpf, Tag und Nacht, befasst. Vor allem das Lesen in der Nacht, mit der Taschenlampe unter der Bettdecke, hatte etwas von Heimlichkeit, Spannung und Abenteuer.

›Du verdirbst dir die Augen, du bist müde in der Schule. Lese bitte am Tag, das reicht‹, versuchte meine Mutter mich zu ermahnen.

Um die Zeit der Abiturprüfungen herum fiel mir das Büchlein *Psychopathologie des Alltags* in die Hände. Die Mutter sah dies und schüttelte verständnislos den Kopf. Sehr aufregend und spannend fand ich auch *Der Witz* von Sigmund Freud. Als ich dann später meinem ältesten Sohn Alexander ein Büchlein von Freud schenkte, war der negative Kommentar der Mutter: ›Von solch einem Menschen schenkt man nichts.‹ Damals habe ich nicht verstanden, wie viel Naziideologie und Antisemitismus in diesem Satz steckte. Nur spürte ich sehr wohl, dass ich anders fühlte und dachte.

Als ich dann später mit der ersten Ehe und der ersten eigenen Praxis scheiterte, suchte ich einen Gestalttherapeuten auf, um mir helfen zu lassen. Ich vergaß meine geliebte Pfeife in seinem Behandlungsraum. Das zeigt deutlich, dass meine Vatersehnsucht noch bestand. Mit drei Jahren war ich mit Papas Pfeife durch die Wohnung gerannt: ›Der Papa ist gar nicht da, der Papa ist gar nicht da‹, rief ich in meiner Not.

Nach diesem Besuch bei einem Therapeuten reifte langsam der Entschluss, zusätzlich zum Fachgebiet Kinderheilkunde das Gebiet der Psychoanalyse erlernen zu wollen. Ich besuchte probehalber und nach einigem Überlegen eine Selbsterfahrungsgruppe in München. Der Leiter der Gruppe erkannte sofort mein Drängen nach Beachtung und meinte: ›Du setzt dich mal gleich an den Rand des Raumes und versuchst, den Mund zu halten.‹

Das war meine erste Erfahrung mit psychotherapeutischen ›Benimmregeln‹. Es dauerte dann noch einige Wochen, bis ich den Weg in das Münchner Ausbildungsinstitut fand, das eine psychoanalytische Ausbildung für Ärzte anbot. Mit Auswahlgesprächen bei drei verschiedenen Psychoanalytikern begann das Verfahren der Aufnahme zur Ausbildung. Dies fiel schon in die Zeit, als der notwendige Wechsel der Kinderarztpraxis von Herrsching nach Starnberg erfolgte. Wie ich die sehr teure Ausbildung zum Psychoanalytiker finanzieren sollte, war mir unklar. Nur eins war klar: *Ich wollte das, koste es was es wolle.* Dieser eiserne Vorsatz hatte Bestand während der gesamten langwierigen Ausbildung. Dieser Weg sollte mir noch viele prüfende Situationen bescheren, von denen im Folgenden noch die Rede sein wird.

Eine erste wichtige Entscheidung war die Wahl eines Lehranalytikers für die Zeit der bevorstehenden Ausbildung. Da war es für mich klar, dass ich versuchte, als *Lehranalysand* einen Platz bei der Leiterin des Ausbildungsinstituts zu bekommen. Ich landete mal wieder in der Falle, der Beste sein zu wollen und so bei der Chefin analysiert zu werden. Als die *Chefin* mir dann erklärte, dass ich als Kinderfacharzt im Institut sehr erwünscht sei und sie sich für meine Aufnahme einsetzen würde, war mir klar, dass mein Weg in diesem Institut schon von Anfang an geebnet sei. Meine Erlebnisse an der Universität hätten mir eine Warnung sein können, doch ich war guter Dinge und nahm die Ausbildung mit Eifer und Überzeugung, neben der Tätigkeit als Kinderarzt, auf. Schon in den ersten zwei Jahren kamen in mir Zweifel an der Lehranalytikerin, der Leiterin des Instituts, auf.

Oft nach der Pflichtsitzung erklärte sie mir feierlich: ›Ich führe Sie nun noch kurz in den privatesten Raum meiner Praxis. In ihm sehen Sie die Holzschnitzereien, die mein Mann gefertigt hat. Dann trinken wir noch ein Gläschen Cointreau.‹ Da sie die Leiterin des Instituts war, dachte ich noch, dass dies ihr persönlicher Stil der Zuwendung sei. Hinzu kam, dass sie Termine verwechselte oder nicht einhielt, so dass ich vor der Praxistür stand und die lange Fahrt nach Hause wieder, unverrichteter Dinge, antrat.

Die Ereignisse erreichten ihren Höhepunkt, als während einer Analysestunde die Analytikerin, mit lautem Krach, von ihrem Sessel zu Boden fiel. Ich sprang auf und wollte zur Notfallmaßnahme ansetzen, als sie sich aufsetzte und schüttelte, dann aufstand und meinte: ›Das ist der Kreislauf, machen wir weiter.‹

Einmal stand ich noch vor verschlossener Tür, obwohl Geräusche aus der Praxis drangen.

Wenige Wochen später bekam ich die Nachricht, dass meine Lehranalytikerin, Frau Dr. H. verstorben war. Ich erlebte wiederum den Verlust eines Menschen, der mir die Illusion vermittelt hatte, mich zu *versorgen*. Mit meinem Verlust, der an den Vaterverlust erinnerte, war ich, wie in der Kindheit, alleingelassen. Ich spielte mit dem Gedanken, das Abenteuer der psychoanalytischen Ausbildung hinzuwerfen und in meinem ›Kinderarzthäuschen‹ weiterzumachen.

Da kam mir per Flüsterpost im Institut zu Ohren, dass es einen ›analytischen Coachbruder‹ gab, der auch in Analyse bei der verstorbenen Leiterin gewesen war und mich wohl gut verstehen könnte. Es war bekannt, dass er ein Buch über Träume schrieb. Da mich Träume auch durch die Lektüre von Freud sehr interessierten, ließ ich mich darauf ein, dass er die Analyse bei mir fortsetzte. Doch war er nicht befugt, eine Lehranalyse durchzuführen. Außerdem erfuhr ich später, dass er ohne meine Erlaubnis alle meine Träume in seinem Buch verwendet hatte.

Also ging ich unverdrossen erneut auf die Suche nach Ersatz. Dabei landete ich bei einer empfohlenen Analytikerin. Als ich diese zum Aufnahmegespräch besuchte, empfing sie mich in einem abgedunkelten Raum bei Kerzenlicht und Räucherstäbchen. ›Sie sind sehr krank, Sie brauchen Hilfe‹, sprach sie mit rauchiger Stimme zu mir. Nach meiner Vorerfahrung mit der nur scheinbar kompetenten Institutsleiterin, die real eine Vollblutalkoholikerin gewesen war, war mir klar, dass die Dame mit den Räucherstäbchen mich als Analysand nicht bekommen durfte.

Also ging die Suche weiter, und zwar nach einem männlichen Analytiker. Die Erlebnisse mit den zwei älteren Damen hatten genügt. So geriet ich an einen jüngeren Lehranalytiker, der mich nach einmaligem Vorgespräch als Lehranalysanden aufnahm. Mit ihm vollendete ich die Pflichtzeit der Lehranalyse und konnte so auf den Institutsabschluss hinarbeiten. Dieser Abschluss gelang mir auch problemlos, so dass ich schon bald, als frisch gebackener Analytiker, neben der Arbeit der Kinderarztpraxis erste psychotherapeutische Arbeit durchführen durfte. Dabei übersah ich, dass ich zwar sehr viel Theorie der Psychoanalyse in mich gepumpt hatte, jedoch meine eigene Dynamik und sogenannten Übertragungsphänomene gar nicht verstanden hatte. Da stand ich also, mit einem Institutsabschluss als Psychoanalytiker, und hatte dank einer miserablen Lehranalyse, besser gesagt, Leeranalyse wenig Ahnung von dynamischer Funktion seelischer Vorgänge. Das wurde erst offenbar, als ich mit sehr problemhaften Patienten und in der Kindertherapie mit sehr schwierigen Eltern zu tun bekam. Dies bekam ich dann von einer Supervisorin per Flüsterpost zugetragen: ›Der Hellmann ist ein ganz schlechter Psychotherapeut.‹

Dann kam es noch zu einem Vorfall, bei dem mich eine Patientin wegen Missbrauch im Ausbildungsinstitut anschwärzte. Dort gab es einflussreiche Kollegen, die das glaubten. So bekam ich die Mitteilung, das Institut umgehend zu verlassen. Nun war ich wieder allein, ohne fachlichen Rückhalt, nur auf mich gestellt. Mein Selbstbewusstsein war privat ramponiert durch die zweite Scheidung, und ich war beruflich angeschlagen durch den Rauswurf.

Rückblickend hätte ich damals allen Grund gehabt mich wieder als Kinderarzt zu betätigen und so aus der Psychoszene auszusteigen. Doch irgendeine innere Steuerung verhinderte dies. Ich ging wieder auf die Suche nach Analytikern, die wirklich verstanden, was mit mir los war. Nach mühsamer Suche fand ich eine Kollegin, die bereit war, mit mir zu arbeiten.

Zehn Jahre lang ackerten wir uns durch den Wust der Missgeschicke und klärten die Zusammenhänge zwischen narzisstischem, illusionärem Blendwerk und meinen fehlerhaften Entschlüssen, die so gefahrvolle Folgen gehabt hatten. In der Folge an dieser *Knochenarbeit* kam es zu einer dritten Ehe mit einer Frau, die auch in einer misslichen Situation mit einer untauglichen Therapie gelandet war und die viel vom illusionären Missgeschick verstand. Sie als Kindertherapeutin baute mit mir ein solides Praxisgebäude auf. Inzwischen kam noch eine Kindertherapeutin hinzu, so dass wir nun zu dritt die Erweiterung genießen können.«

Reinhard als Dozent
an der Universität

IN REINHARD SCHLUMMERTEN in all den Jahren der
Ausbildung und der Familiengründung der dringende
Wunsch, einmal ein Dozent an der Universität zu sein,
wie sein Vater. Er hatte diesen Wunsch schon begraben,
als ein Institutsleiter aus Innsbruck ihn anschrieb, ob
er über Grundzüge der Psychoanalyse bei Studenten der
Erziehungswissenschaften eine Vorlesung einrichten
könne. Das fiel ungefähr in die Zeit, als er aus seinem
Institut in München geflogen war. Er sagte begeistert zu.
In der Folge fuhr er regelmäßig zu Wochenendvorlesun-
gen nach Innsbruck an die Ludwig-Franzens-Universi-
tät. Er war im Glück, weil sein schon fast vergessener
Traum erfüllt war. Nun war er Lehrer an der Universität
für Studenten der Erziehungswissenschaft. Den Doktor-
titel hatte er ja schon in der Medizin bekommen. Dass
er nicht habilitiert sein musste, freute ihn. Auch wuchs
sein Selbstwert, weil er zudem erleben konnte, dass
es nicht so war, wie sein Lateinlehrer behauptet hatte:
»Hellmann, dein Vater war sicher ein schlauer Mann.
Bei dir merkt man nichts davon.«

Langsam verheilte die starke Verletzung, die sein

Rauswurf aus dem Ausbildungsinstitut hinterlassen hatte. Auch die Lockerung der engen Raupenhülle, in der er ja auch dem Vater verpflichtet war, der Mutter zuliebe sehr gut zu sein, war kaum noch wirksam.

In der Gestaltung seiner Vorlesung in Innsbruck fühlte er sich frei von Pflichterfüllung und genoss die Aufenthalte in einem Nobelhotel und die Arbeit mit den Studenten, die er ganz nach seiner Überzeugung ausfüllte. Diese Arbeit trug viel dazu bei, dass die innere Stabilität, d.h. die seelische Stabilität weiterwuchs.

Die Suche nach Freunden

ZU SCHULZEITEN und auch noch zu Beginn des Studiums hatte Reinhard keine Schwierigkeiten, Freunde zu finden. Sein freundliches, aufgeschlossenes Wesen machte es ihm darin leicht. Doch auffallend war, dass Freundschaften oder kollegiale Bekanntschaften nicht lange hielten. Oft schon nach kurzer Zeit sah er solche Verbindungen sehr kritisch und verhielt sich anderen gegenüber abschätzig oder auch desinteressiert am weiteren Kontakt. So schwand die Zahl verlässlicher Kontakte mehr und mehr. Als beispielsweise sein Parteifreund und Namenszwilling Reinhard L. ihn mit seiner Frau betrog, fühlte er sich in seinem schon vorhandenen Misstrauen sehr bestätigt. Auch als sein langjähriger Supervisor und Ausbildungsleiter mit dafür sorgte, dass er aus dem Ausbildungsinstitut flog, war er tief gekränkt, aber noch nicht bereit darüber nachzudenken, welchen Anteil er am Schwinden der Beziehungen selbst haben könnte. Auch geriet er bei seiner intensiven Suche nach Kontakten immer wieder an Leitfiguren, bei denen man Persönlichkeitsmerkmale sehen konnte, die verlässliche Beziehung kaum erlaubten. So warb ein Institutsleiter von zweifelhaftem Ruf um Reinhard. Er könne Psychotherapieseminare im Allgäu gegen gute Bezahlung leiten.

Reinhard erinnert sich: »Ich habe damals freudig zugestimmt, weil meine Sehnsucht nach Dozententätigkeit groß war und es in der zweiten Ehe zu Ende ging. Mit meinem Wohnmobil — mein treuer Begleiter *Falk,* der geliebte Leonberger Hund, begleitete mich — pendelte ich von Markt Indersdorf nach Bad Grönenbach, um regelmäßig Seminare zu leiten. Ich kam mir vor wie ein Psycho-Robin Hood, der all den Kandidaten, die eine Zulassung erwerben wollten, dies mit ermöglichte. Der Gründer und Leiter des Instituts bestätigte mir immer wieder, wie sehr er mich brauchte. Das gab mir wieder Selbstbewusstsein nach dem Ende in meinem Ausbildungsinstitut. Doch mit der Zeit erfuhr ich per ›Buschtrommel‹, dass mein Institutsleiter wegen bemerkenswerter Übergriffigkeit und anderer Besonderheiten in Verruf geraten war. So sah ich ihn immer kritischer und wollte nicht mehr bei ihm arbeiten. Doch sehr einsichtig war ich immer noch nicht, denn ich wechselte wieder zu einem Institutsgründer, nach Mallorca. Auf dieser wunderschönen Insel in südlicher Sonne Seminare zu leiten, das entsprach meinen narzisstischen Wünschen in Perfektion. Bei meinen Ausflügen ins Allgäu hatte ich inzwischen meine neue Partnerin, eine Kindertherapeutin, kennengelernt. Mit ihr zusammen gestaltete ich dann Gruppenseminare auf Mallorca. Wir wohnten in einer Nobelfinca mit Pool. Zunächst war der romantische Glanz mit frischer Verliebtheit so mächtig, dass ich das Bluff-Gebilde meines leitenden Kollegen nicht erkannte. Eines Tages lud er uns zu einer Bootstour mit seiner Motorjacht ein. Zum vereinbarten Termin waren wir da. Unser ›Kapitän‹ stand vor uns, öl-verschmiert, mit ratlosem Gesicht. Die Yacht hatte einen größeren Motorschaden. Die Tour fiel ins Wasser. Als er dann noch mit der Zahlung der Honorare in Verzug geriet und einige Auftritte hinlegte, mit Bündeln von Geldscheinen in den Taschen seines Sakkos, war endlich klar, an welchen Blender wir geraten waren.

Die Enttäuschung war zu verkraften, wenn auch die Wiederholung wehtat. Einmal mehr war ich, wieder einmal bei meiner Suche nach ›Leiterfiguren = Vater-figuren‹, auf die Nase gefallen. Mit fortschreitender Eigenanalyse wurde der Zusammenhang zwischen der erfolglosen Suche nach freundschaftlichen Vorbildern und dem frühen Verlust des Vaters klarer. Als dann, viele Jahre später, die Aufforderung der Universität Innsbruck kam, dort Seminare über Grundzüge der Psychoanalyse zu halten, konnte ich die früheren erfolglosen Versuche erinnern, war aber dann dort, völlig unabhängig vom Institutsleiter, zehn Jahre lang sehr erfolgreich.«

Die Eigenanalyse macht Fortschritte – Reinhard wird stabiler

IN DEN JAHREN 2010 BIS 2020 arbeitete Reinhard regelmäßig und hart an seinen eigenen Baustellen. Mit Hilfe einer sehr erfahrenen Analytikerin ergründete er die Quellen seiner narzisstischen Verblendung, seiner Kontaktprobleme, seiner angestauten Wut mit Neigung zu Fehlhandlungen bzw. Fehlentscheidungen. Die Fortschritte waren deutlich zu sehen. Schon die Wahl der dritten Frau unterschied sich deutlich von der bisherigen Partnerwahl. Nicht mehr bedürftige, ausnützende Frauen standen Modell. Jetzt stand eine Berufskollegin mit klarer Vorstellung von ihrem Wert zur Wahl.

Er erinnert sich mit ihr zusammen: »Als ich Dich in den Seminarraum schreiten sah mit den langen Beinen, die in rasanter Lederhose verborgen waren, habe ich mich spontan verliebt. Erinnerst Du Dich an unseren ersten Dialog?

›Ich habe den Eindruck, dass wir beide etwas von verrückten Müttern verstehen.‹

So begann unser erstes, fachlich geprägtes Annäherungsgespräch. Sehr seltsam für zwei Psychos, die gerade dabei sind, sich zu verlieben. Renate blieb zielstrebig mit auf der Spur. Ob zur Gruppensupervision oder dann im *Floriansbrunnen* – wir fanden immer wieder zueinander. Dass ich Ausbildungsdozent und sie Kursteilnehmerin war, dass sie 20 Jahre jünger war, dass ich schwer belastet war mit dem kurz zurückliegenden Ende meiner zweiten Ehe und den dazugehörigen finanziellen Lasten, störte vor allem Renate nicht. Ich fuhr mit ihr im neuen Auto, voll beladen mit Müll, zum Wertstoffhof. Das war schon symbolhaft. Das neue Gefährt vollgestopft mit Müll aus der Vergangenheit.«

Zu diesen Lasten aus der Vergangenheit gehörte die Versorgung von *Maxi*, einem großen, schwarzen Neufundländer Rüden, der ziemlich schlechte Manieren hatte. Auch der regelmäßige Besuch der drei Söhne aus erster Ehe und die Betreuung der zwei Kinder aus der zweiten Ehe zählten dazu. All dies hielt die beiden Verliebten nicht davon ab, sich am 03.06.2006 vor Standesamt und Pfarrer das Jawort zu geben.

Reinhard: »Ein drittes Mal ein Jawort auszusprechen, war so aufregend, dass mein Puls bis auf ca. 200 Schläge pro Minute emporschnellte. Diese Mischung aus Glück und Aufregung war schon ein unglaublicher Trip. Vielleicht ist es bei Kokain ähnlich?

Von Juni 2006 an ging der Weg der beiden ›Jungvermählten‹ nur noch bergauf. Auch wenn in dieser Zeit mein ältester Sohn Alexander starb und ich den jüngsten Sohn Justus an eine schwere Erkrankung (Schizophrenie) verlor, war der Weg weiter nach oben zur Freiheit nicht mehr verstellt. Unsere beiden Praxen – Renate als Kinder- und Jugendlichentherapeutin, ich als Analytiker für Kinder, Jugendliche und Erwachsene – liefen so gut, dass wir sehr zufrieden waren. Ich spürte so sehr die Verbindung mit einer Frau, die ich verstehen konnte und die mich sehr gut verstand, auch wenn wir im Wesen sehr unterschiedlich waren. Meine Reizbarkeit und die Gefühlsentgleisungen wurden deutlich weniger. Aus eigenem Erleben konnte ich nun den Prozess seelischer Genesung mitmachen.

Natürlich ging nicht alles so glatt wie gewünscht. Mit Renate begegnete ich einer sehr talentierten Künstlerin und Malerin in München. Sie lockte uns dann wie eine Sirene zu Malerei in der Toskana. Wir folgten ihr und erlebten rauschige Zeiten in Malerei und Musik. Als ich zum ersten Mal schüchterne Versuche der Malerei versuchte und diese ›Werke‹ dann noch in großer Runde besprochen wurden, hatte ich fast so viel Angst wie beim dritten Jawort. Mein Unvermögen zu zeigen, war für meine Phantasie sehr angsterzeugend, doch mit Geduld und in Renates Begleitung fand ich schnell den Weg zur kreativen Laienmalerei. Als dann diese sehr begabte, kreative Künstlerin mehr und mehr dem Alkohol verfiel, mussten wir uns nach drei Jahren von ihr trennen. Diesmal war es eine Frau, die mich sehr enttäuschte.

Einige Jahre später reizte es mich, einen Versuch mit der Schauspielerei zu wagen. Ich folgte den Spielregeln der Spielleiterin. Doch beim Einüben einer einfachen Rolle, bei der ich mich genau an ihre Regeln halten sollte, bekam ich einen solchen Angstanfall, dass ich diese Experimentierbühne wieder verließ. Einige verborgene Angstquellen waren wohl berührt worden. Trotz dieser beiden ›Pannen‹ war der Weg heraus aus der beengenden Raupenhülle in greifbare Nähe gerückt.«

Erfahrung mit neuen Wegen
zur Spiritualität

VON SEINEN DREI EHEN waren zwei, die erste und die dritte, mit dem Segen der evangelischen Kirche geschlossen worden. Die zweite Ehe nur vor dem Standesamt beim Dorfbürgermeister – Verbindung zur Kirche und zum Glauben bestand zwar noch, wurde jedoch mehr und mehr in Frage gestellt. Mit Renate, seiner dritten Ehefrau machte sich Reinhard auf, um im Institut für neue spirituelle Wege von Willigis Jäger neue Ideen für eine andere Art des spirituellen Umgangs zu erfahren.

Reinhard erinnert sich an Kindheitserlebnisse sowohl mit der katholischen als auch mit der evangelischen Glaubensgemeinschaft: »Im Kindergarten schon bekam ich von einer Diakonisse schmerzhafte Schläge mit dem Holzlöffel auf die Finger, weil ich eine ›Verletzung‹ am Finger mit einem Pflasterverband vorgetäuscht hatte.

Später, bei der Jungschar und den evangelischen Pfadfindern waren es gute Erfahrungen. Doch eine Begegnung mit dem evangelischen Stattpfarrer hinterließ starke Abneigung gegen Kirchenmänner: ›Mein Junge, weißt Du eigentlich, was Deine leidgeprüfte Mutter alles für Dich tut?‹ Als Zehnjähriger blieb ich, einsam und voller Schuldgefühle, nach diesem Vortrag zurück. Derselbe Stadtpfarrer vollzog den Wechsel meiner Mutter von der Katholikin zur Protestantin im feierlichen Zeremoniell. Die Mutter war in einer Gloriole, weil sie ihrem geliebten Mann im Glauben nachfolgte.

Dies alles festigte meinen Glauben an Kirche und den lieben Gott sicher nicht. Ich war verwirrt, weil ich spürte, wie der Stadtpfarrer seine Schäflein manipulierte, indem er ihnen Schuldgefühle einflößte. In der Zeit im Gymnasium, in der frühen Pubertät, war ich befreundet mit einem Jungen aus einer Promifamilie, der Ministrant war. Er erzählte seine Erlebnisse mit dem katholischen Stadtpfarrer in der Sakristei. Dort gab es nach dem Gottesdienst einen größeren Schluck Messwein. Mancher Ministrant hatte da schon seinen ersten Schwips. Der katholische Freund versprach mir: ›Wenn Du mitkommst zur Fronleichnamsprozession, kannst Du das Auge Gottes sehen.‹

Ich nahm an der Prozession teil. Was sah ich? Ein Sperrholzgebilde mit einem kleinen Spiegel in der Mitte. Das ›Auge Gottes‹ trug zu meinem Argwohn gegenüber der katholischen Kirche schon damals bei. Als ich dann später per Anhalter einen katholischen Pfarrer in der Normandie besuchte, erlebte ich dessen seelische Not mit Einsamkeit und Zölibat. Nie werde ich sein Klagelied unter der kalten Dusche vergessen: ›Mon Dieu, quelle vie cruelle tu m'as donné!!!! – Welches grausame

Leben hast du mir gegeben?‹ Schon damals habe ich der katholischen Kirche nichts Gutes abgewinnen können. Mit meiner Mutter war ich sehr einverstanden, dass sie konvertierte.

Nun noch ein späteres Erleben mit einer protestantischen Pfarrersfamilie, mit der ich zwei Jahre, auf meiner Suche nach freundschaftlichem Kontakt, verbunden war. So lange ich der vereinzelte, geschiedene potentielle seelische ›Versorgungsfall‹ war, ging alles gut. Als ich dann aber mit meiner dritten Frau auftauchte und nicht mehr fest in der Abhängigkeit verblieb, wandte sich der wohlmeinende Pfarrer mit seinem Anhang in der Gemeinde schnell von mir ab. Es kam ein neuer Pfarrer. Von dem ließen Renate und ich uns gern trauen. Doch so ganz geheuer war uns die ganze christliche Aura nicht mehr, also machten wir uns auf zum Zentrum für neue spirituelle Wege in Holzkirchen bei Würzburg.

Der Gründer dieser Einrichtung – er war ursprünglich Benediktiner – war uns vom Namen her schon bekannt. Wir machten drei Jahre lang ›Pilgerreisen‹ zu Willigis Jäger. Von ihm lernten wir wirksame Zen-Meditation und eine ganz neue Einstellung zur Institution Kirche. Im Erleben der ›Feier des Lebens‹ lag Distanz zu den verstaubten Regularien üblicher Gottesdienste. Willigis Jäger war für uns beide ein später Wegbereiter für die Begegnung mit dem Göttlichen in uns, so wie es schon Meister Eckehart im Mittelalter gelehrt hatte. Im persönlichen Gespräch mit Willigis Jäger fragte ich ihn: ›Wie komme ich an mehr Gelassenheit?‹

Er lächelte listig und sagte nur: ›Üben, üben, üben.‹

In den weiteren Begegnungen zeigte auch dieser so gescheite Ex-Mönch und Zen-Meister eine seltsame Intoleranz gegenüber der Psychoanalyse. Anfangs befremdete es uns nur. Doch dann kam auch der streng autoritäre Kern immer deutlicher zum Vorschein. Allmählich trennten sich unsere Wege wieder. Doch viele verändernde Inhalte haben wir vom Institut für neue spirituelle Wege mitgenommen. Es führte auch dazu, dass wir beide nicht mehr Mitglieder einer Kirche sind.«

Begegnung mit Tod,
Krankheit und Kraft

NACHDEM ALEXANDER, mein ältester Sohn noch 2006 noch unsere Hochzeit mitgefeiert hatte, bekamen 2007 Renate und ich nach einem Kurzurlaub in den Bergen die Nachricht, dass sich in Alexanders Wohnung in München die Post im Briefkasten staue und sich in der Wohnung kein Lebenszeichen zeige. Von Felix kam die Frage, ob er versuchen sollte, in die Wohnung zu gehen. Ich riet ab. Das solle besser die Polizei oder der Rettungsdienst machen. So wurde verhindert, dass Felix seinen toten Bruder hätte auffinden müssen. Ja, Alexander war tot. Für uns alle war es ein furchtbarer Schock. Er war 36 Jahre geworden. Sein Großvater, Fritz Hellmann war etwa im gleichen Alter im Krieg gefallen. Für mich war es sehr schwer, den eigenen Sohn dann neben seiner Mutter in ein Grab versinken zu sehen. Beide waren zu Lebzeiten in guter Beziehung. Jetzt lagen sie nebeneinander auf dem Friedhof in Breitbrunn am Ammersee. Es war unfassbar schmerzhaft. Die Trauerfeier in der kleinen Kirche auf dem alten Friedhof war umrahmt von Musik, die Alexander gern mochte. So blieb er, der die Musik so liebte, in Erinnerung.

Im weiteren Verlauf des Jahres 2007 wurde sichtbar, dass mein jüngster Sohn Justus zunehmend mehr mit schwerer seelischer Krankheit in der Schizophrenie versank. Ich versuchte mehrmals, mit ihm in Kontakt zu kommen, doch er erlebte mich zunehmend als Feind. Das tat sehr weh, weil ich immer noch hoffte, wieder Zugang zu ihm zu finden.

Dann, im Jahre 2008 – ich fuhr frohgemut zu meinem üblichen Balintseminar nach Herrsching – erlebte ich die Begegnung mit meinem drohenden Ende auf halber Strecke zum Ammersee: starke Schmerzen in der linken oberen Brusthälfte, kalter Schweiß aus allen Poren, drohende Ohnmacht, Angst vor dem Ende. Mit großer Mühe schaffte ich es noch in einen Supermarkt, die Schmerzen hatten etwas nachgelassen. Dort stand ich klatschnass an der Kasse, obwohl es draußen sonnig und heiter war. Die Kassiererin musterte mich etwas befremdet. Mit letzter Kraft kam ich zur Notaufnahme der dort bekannten internistischen Klinik. Ich quälte mich aus dem Auto, die Fahrertür blieb offen. Ich taumelte bis zur fahrbaren Bahre im Foyer der Klinik. Sehr matt hauchte ich der herbeieilenden Krankenschwester zu: »Herzinfarkt schnell«. Sogleich rückte die Notfallmannschaft an. Ich landete im Katheter-Behandlungsraum. Schneller Gefäßzugang, Herzkatheter rein, vorgeschoben bis zur Herzkammer. Matt verfolgte ich alles auf dem Monitor. Dehnung der Gefäßstenose, Stent gesetzt, und die Mangeldurchblutung an der Hinterwand des Herzens war beseitigt. Ich fühlte mich, als ob ich dem Tod von der Schippe gehüpft sei. Das Team mit dem leitenden Arzt Dr. N. hatte mich vor dem sicheren Herztod gerettet.

Es folgten Nachbehandlung mit Rehaklinik. Die Entlassung stand bevor. Ich schlich mich aus der Klinik zu einem Fahrradverleih und verlangte ein rotes Fahrrad mit gelben Ballonreifen. Warum das? Weil ich im Alter von etwa fünf Jahren von der amerikanischen Besatzerfamilie ein rotes Fahrrad mit gelben Ballonreifen, leihweise, bekommen hatte und damit stolz wie Bolle durch die Siedlung gefahren war. Dem Tod eine »lange Nase« machen war ein ähnliches Siegergefühl wie das Siegergefühl auf dem roten Fahrrad über den Tod. Dann blieb ich sechs Jahre lang von Schlägen auf meine Gesundheit verschont.

Im Jahr 2014 erlebte ich einen Schlaganfall mit angehender Halbseitenlähmung rechts. Diese kündigte sich mit einer Schreiblähmung rechts an. Mit Blaulicht und Tatütata kam ich wieder in die Klinik. Dort wurde das Gerinnsel im Gehirn gestoppt. Nach etwa einer Woche war ich wieder zu Hause. Im Jahre 2015 kam dann noch eine Operation wegen eines Prostataadenoms hinzu. Ein handchirurgischer Eingriff mit einer Laser-Augen-OP machten den Krankheitsreigen komplett.

Nach allem Erleben innerhalb von 80 Jahren wird in

mir die Frage laut: »Wie kommt es, dass von drei Kindern, die alle zu Kriegszeiten auf die Welt kamen, einem Kind trotz vieler Schwierigkeiten und Hindernisse sehr viel gelingt, den anderen beiden Kindern ein sehr viel schwereres Schicksal beschieden ist?

Meine zweitälteste Schwester erkrankte schon am Ende der Pubertät an einer bipolaren psychischen Erkrankung, von der sie sich nie mehr erholte. Sie entsprach den Erwartungen unserer Mutter nicht und war so der Rolle des schwarzen Schafs in der Restfamilie ausgeliefert. Mit 19 Jahren wurde sie mit ihrer Tochter schwanger. Doch eine taugliche Mutter konnte sie wegen der dauernden Krisen aufgrund der Erkrankung nie sein. Sie zerstörte ihr Leben mit Medikamenten und Alkohol. Das mündete in chronischem Verlauf der manisch-depressiven bipolaren Erkrankung. Nach vielen quälenden Krisen verstarb sie schließlich im Altersheim, mit 78 Jahren.

Meine jüngste Schwester wurde im Januar 1945, kurz vor dem Kriegsende, geboren. Sie wurde in der Kinderklinik mit einem anderen Baby vertauscht, und so kam es, dass an ihrer Stelle ein anderes Baby auftauchte. Der Rücktausch erfolgte, doch wurde bei ihr ein schwerer Hüftschaden diagnostiziert, der sie über Wochen in ein Gipskorsett verdammte. Im weiteren Verlauf war sie immer schwierig, weil sie auf alle Erziehung mit Protest und boshafter Gegenreaktion reagierte. In ihrer Sehnsucht nach Kontakt hängte sie sich an mich, ihren älteren Bruder, der das eine Weile mittrug, sie aber dann in späteren Jahren sich selbst überließ. So wurde sie zunehmend eifersüchtig, boshaft und extrem neidisch, besonders auf mich, den älteren Bruder, dem alles gelang. So sah sie es. Die beiden Schwestern hatten nie einen Vater. Ihre Mutter war in Trauer um ihren geliebten Mann erstarrt. So war für die beiden Mädchen, später jungen Frauen, keine weibliche, seelische Stütze verfügbar.

Ich als ältester Sohn habe fast drei Jahre in der Verwöhnungsblase der Eltern zugebracht und so einen Grundstock von Selbstbewusstsein und Ich-Stärke erworben. Die in den folgenden Jahren nachgiebige Haltung meiner Mutter ihrem Sohn gegenüber hat Neid und Hass beider Schwestern mir gegenüber verstärkt. In meiner Sicht der Welt war ich so verblendet, dass ich alle Fehlschläge der Umwelt zuschob, doch eine Eigenbeteiligung von mir wies. So konnte ich alle intellektuellen Hürden, wie Kinderfacharzt und später Psychoanalytiker meistern. Doch die Beziehung zu beiden Schwestern blieb emotional kümmerlich. Das hatte auch Auswirkungen auf Beziehungen zu anderen Menschen, die häufig nach kurzer Zeit im Sande verliefen. Auch die beiden Ehen gingen teilweise an dieser emotionalen Schwäche von mir zugrunde.

Meine große Stärke war der Erfolg und die Eroberung von immer neuen Arealen, in denen ich mich beweisen konnte. Meine Arbeit in der über Jahre dauernden Eigentherapie hat sicher viele Möglichkeiten der inneren Stabilisierung eröffnet, doch ein bedeutsames seelisches Grundkapital war sicher der »Aufenthalt« in einer verwöhnenden Existenzblase, in der ich, ohne je in Frage gestellt worden zu sein, geliebt wurde.

Die Kraft zu finden, um aus einer Hülle von Verpflichtung und Moral herauszufinden. Herauszufinden aus der einengenden Hülle, für andere gut zu sein.

Mir darüber in einer Entwicklungsbiografie klar zu werden, war das Motiv zu schreiben.